JN213291

大和青垣の山々

―その歴史と文化―

奈良山の考古学研究会　編
森下惠介、服部伊久男、竹田政敬、大西貴夫　著

青垣出版

はじめに

夜麻登波　久爾能麻本呂婆　多多那豆久　阿袁加岐　夜麻碁母禮流　夜麻登志宇流波斯
（倭《やまと》は　国のまほろば　たたなづく　青垣　山隠《こも》れる　倭しうるはし）

この歌は倭建命《やまとたけるのみこと》（日本武尊）が故郷、大和を偲んで歌ったとして『古事記』に記される。また、『日本書紀』には景行天皇の国偲歌として、「夜摩苔波　區珥能摩倍邏摩　多々儺豆久　阿烏伽枳　夜摩許莽例屢　夜摩苔之于屢破試」とされるが、古くからの大和の国褒めの歌、春に山に登り国見して国土を褒める予祝の歌である。

「たたなづく青垣」とは重なりあった青い垣根の山、大和盆地を取り囲む山々であり、その中にこもっている大和は、美しく、最も良いところだと褒め称えている。奈良県域の古名、大和という地名そのものが「山処《やまと》」、山のあるところ、山に囲まれたところ、山のふもと、の意だとする説もある。

大和盆地に住む者は、幸せにも日々、この青垣の山々を見て暮らしている。盆地の北側、京都府との間には山とは呼べないような低い平城山《ならやま》丘陵があるだけであるが、京都府南部の山城国は、やはり大和から見ると「山」の背後にあることから奈良時代まで山背《やましろ》国であった。大和盆地の東側には春日、高円から三輪へと続く山々、南は多武峰から竜門、高取山、その背後には遠く吉野の山々がのぞまれ、西側は大阪府との間に金剛、葛城、二上、信貴、生駒の山々が連なる。

これら「たたなづく青垣の山々」は記紀や万葉集に登場し、神います山として信仰の対象ともなり、古い寺社が営まれた。また、古墳が営まれるなど遺跡も山中や山麓に数多く、長い歴史と数々の伝承を今に伝えている。本書は「人と山との関わり」を考古学的に探究することを目的とした「山の考古学研究会」奈良県部会のメンバーが分担執筆し、大和盆地を取り囲む青垣五〇山に刻み込まれたその歴史と文化を紹介するものである。日常眺めている故郷の山々の歴史探訪を楽しんでいただければ、幸いである。

山の考古学研究会

森下　惠介

目次

はじめに　（森下惠介）……1

青垣東北の山々

平城山　（森下惠介）……11
若草山　（森下惠介）……14
御蓋山　（森下惠介）……18
春日山　（森下惠介）……21
高円山　（森下惠介）……24
椿尾城山　（森下惠介）……27
国見山・大国見山　（森下惠介）……29
高峰山　（森下惠介）……32
東大寺山　（森下惠介）……34

青垣東南の山々

平尾山・豊田山（森下惠介）39
布留山・桃尾山（森下惠介）42
竹之内山（森下惠介）45
龍王山（大西貴夫）48
穴師山（竹田政敬）51
三輪山（竹田政敬）54
巻向山（大西貴夫）57
天神山（与喜山）（服部伊久男）60

青垣南の山々

外鎌山（竹田政敬）65
鳥見山（大西貴夫）68
音羽三山（服部伊久男）71
多武峰（御破裂山）（竹田政敬）74
高取山（竹田政敬）77
壺阪山（大西貴夫）80

耳成山（竹田政敬）83
香久山（竹田政敬）86
畝傍山（竹田政敬）89
雷丘（竹田政敬）92
甘樫丘・大野岡（竹田政敬）94
貝吹山（竹田政敬）97
真弓丘（竹田政敬）100
国見山・玉手丘・本馬丘（大西貴夫）104
巨勢山（大西貴夫）107
弁天山・桙立峰・阿田峰（大西貴夫）110

青垣西南の山々

金剛山（大西貴夫）115
葛城山（大西貴夫）118
岩橋山（大西貴夫）121
二上山（大西貴夫）124
寺山（大西貴夫）127

馬見山（馬見丘陵）（大西貴夫）……130
明神山（服部伊久男）……133

青垣西北の山々

三室山（服部伊久男）……139
松尾山（服部伊久男）……142
矢田山（服部伊久男）……145
郡山（冠山）（服部伊久男）……148
赤膚山（森下恵介）……152
六条山（森下恵介）……154
信貴山（服部伊久男）……157
高安山（服部伊久男）……160
大原山（服部伊久男）……163
生駒山（服部伊久男）……166
あとがき（森下恵介）……169

（執筆者）
森下　恵介　山の考古学研究会・（元）奈良市埋蔵文化財調査センター
服部　伊久男　山の考古学研究会・（元）大和郡山市生涯学習課
竹田　政敬　山の考古学研究会会長・橿原市文化財保存活用課
大西　貴夫　山の考古学研究会事務局長・奈良県立橿原考古学研究所

装幀／江森恵子（クリエイティブ・コンセプト）
カバー写真／〈表〉三輪山と巻向山と龍王山
日没の二上山
生駒山
金剛山と葛城山
〈裏〉若草山の山焼き（奈良県提供）
見返し写真／三輪山と箸墓古墳

青垣東北の山々

歌姫越付近の平城山

平城山《ならやま》

標高　114メートル

奈良盆地北辺を東西に画する標高九〇〜一〇〇メートル前後の丘陵で、大和（奈良県）と山城（京都府）との国境《くにざかい》ともなっている。「奈良山」、「那羅山」、「諸楽山」などさまざまに書かれ、山城国《やましろのくに》へ通じる般若寺越、不退寺越、歌姫越の街道が通じる。地名の由来については、『日本書紀』崇神紀に武埴安彦《たけはにやすひこ》を討つための軍勢が草木を踏み平《なら》し、その山を名付けて那羅山《ならやま》というとあって、「なら」の地名もこの「ならやま」に由来する。この地が都となるに及んで、「平《なら》」に都城を意味する「城」が付加されたものと考えられている。

歌姫街道の県境碑

　また「なら」にかかる枕詞《まくらことば》である「あをによし」の「あをに」は青土の意で平城山から産したことによるとされる。青丹の文字が充てられるのは、丹《に》（ベンガラ）の原料である褐鉄鉱（リモナイト）

は地中で酸化していないと青緑色を呈し、空気に触れ、焼くことによって鉄分が酸化して赤色の丹となる。古く平城山でこの青土を産したことが推測される。さらに京都府南部の山城国は古くは山《やま》背国《しろのくに》であり、これは平城山の背後を意味している。

佐保山（県庁から）

　平城山の東部は「佐保山」と呼ばれ、平城京の北方にあって、南斜面には元明、元正、聖武など奈良時代の天皇陵が営まれる。東に般若寺越の京街道が通じ、戦国時代に松永久秀が佐保山の一画に多聞城を築くのも、京との交通路掌握との関わりが考えられる。奈良坂越は中世以後、この般若寺越を指していることが多いが、『平家物語』では平重衡《たいらのしげひら》の南都攻めの際に奈良坂、般若寺二か所の城郭共に壊れぬとあ

平城山越の道沿いに築かれたウワナベ古墳

り、『延喜式』が磐之媛陵とするのは平城坂上陵であって、古くに平城坂《なら》（奈良坂）と呼んだのはウワナベ古墳の横、佐保山の西に通じる不退寺越であった可能性がある。

西部の佐紀丘陵の南側には長さ二〇〇㍍を越える古墳時代前期後半から中期にかけての大前方後円墳が東西に並び、佐紀古墳群と呼ばれている。これらの古墳も山背との交通路を意識して営まれているものとみられる。丘陵の北側は平城ニュータウンが広がるが、その中に残される石のカラト古墳は飛鳥にある高松塚古墳、マルコ山古墳、キトラ古墳と同じく横口式石槨をもつ終末期古墳でこの古墳だけが平城山に単独で存在し、造営が平城京遷都以後であるならば、和銅八（七一五）年に薨去した長皇子《おさのみこ》や穂積皇子《ほづみのみこ》もその被葬者候補にあげられよう。

平城宮の屋瓦を生産した瓦窯は平城山の北側（京都側）に営まれたものが多く、燃料の山林を消費しながら西方から東方へ移っていったとみられている。平城山はほとんどがアカマツ林の二次林であるが、これは奈良時代以来の自然林伐採の結果でもある。

磐之媛を題材にしたとされる北見志保子の短歌に基づき、平井康三郎が曲をつけた「平城山」は昭和十（一九三五）年の作曲、かつて旧奈良市役所のスピーカーから毎日夕刻に流されていたことを知る人も少なくなった。歌詞はつぎの通り。

人恋ふは悲しきものと平城山にもとほり来つつたえ難かりき
古へも夫に恋ひつつ越へしとふ平城山の路に涙おとしぬ

平城山の南、奈良側は風致景観の保全が図られており、「平城山」のメロディーを思い起こしながら木の葉を踏みしめ、歴史遺産を巡る散策は早春が最適である。

（森下恵介）

若草山《わかくさやま》

標高 341.7メートル

㊤若草山（登大路観光駐車場から）
㊦若草山（七条大池から）

奈良盆地の東北、野芝に覆われたなだらかなスロープをみせる若草山の姿は、奈良を代表する風景であり、「山焼き」行事でもよく知られる。なだらかな山容は、三〇〇〜二〇〇万年前の火山活動による硬質の三笠安山岩（伽藍坊《がらんぼ》石）が浸食に耐えて残った「火山残丘（岩丘）」とされる。

山名は「嫩草山」とも書き、「葛尾山（九十九《つづら》折山《おやま》）」、「鶯山《うぐいすのやま》」とも呼ばれた。奈良時代の『東大寺山堺四至図』には、樹木がある山として描かれており、平安時代の『伊勢物語』に、「むさし野はけふはな焼きそ若草のつまもこもれり我もこもれり」という歌があって、平安時代前期、十世紀頃には山麓の「武蔵野」含めて、野焼きが行われていた可能性があり、鎌倉時代の建長七（一二五五）年には山焼きが行われていることが確認できる（『興福寺略年代記』）。また、鎌倉時代後期の『夫木和歌抄《ふぼくわかしょう》』には「今もなほ妻やこもれる春日野の　若草山にうぐひすの鳴く」という歌があって、ウグイスの名所でもあったようだ。江戸時代にはワラビ摘み、野遊びの山で、毎年、正月五日まで日中に野焼きが行われていた。

　山焼きの起源は興福寺と東大寺の境界争いによって、境界付近を明け地としておくため、山頂にある牛ヶ墓から出る牛鬼を追い払うため（『南都年中行事』）などさまざまな理由づけが伝わるが、萱取り、採草のための野焼きの規模が拡大したものかも知れない。山焼きは明治三十三（一九〇〇）年から夜間の行事となり、明治四十三年からは県が運営するようになり、紀元節の二月十一日に行われていた。戦後、昭和二十五年から一月十五日の成人の日に行われることとなり、成人の日が一月の第二日曜日となると、芝の枯れ具合や消防の出初式など諸条件がからみ、現在は一月の第四土曜日に行われている。

　菅笠を三重に重ねたような山容から幕末から明治にかけて、「三笠山」とも呼ばれるようになり、春日の御蓋山（三笠山）との呼称の混乱が生じたが、昭和十（一九三五）年に三笠宮の宮号が制定されると、「三笠山」では宮様の名がついた山を土足で登るというのは不敬ということで、奈良県知事が誤称是正のラジオ放送を行い、「若草山（嫩草山）」への呼称統一を推し進めた。芝生保護のため、下駄履き登山が禁じられ、大正十四年から草履の賃貸が始められ、昭和六年からは「三笠山保勝会」によって三銭の登山料が徴収されるようになった。近年も計画が取り沙汰されたケーブルカー設置計画は、古く大正十一（一九二二）年にもあり、この時は風致景観保全のため、奈良県が不許可としている。若草山のスズムシ、マツムシは鳴き声

若草山山頂から見た展望

の良さで知られ、明治三十年以来、たびたび皇室に献上されている。

山麓の野上社《のがみのやしろ》は石荒《せっこう》神さんとも呼ばれ、笠荒神（桜井市）を勧請したもので、大仏殿の棟木はこの荒神さんのお陰で、上げることができたのだという。文殊四郎社だともいい、傍らの石は名刀工文殊四郎の金床石だとも試し斬り石だとも伝えている。一重目の中腹にある弁慶石まで武蔵坊弁慶が一息で駆け上ったと言う伝説もある。

若草山山麓の野上社

頂上の三重目山頂にあるのが牛ヶ墓とも呼ばれた鶯塚《うぐいすづか》古墳。大仏殿あるいは二月堂の棟木を引いた牛の墓という伝説があり、大人墓《うしがはか》であって、貴人の墓の意味だともされる。全長一〇七メートルの前方後円墳で、南側に方墳二基、円墳二基がある。墳丘全面に葺石があり、二列に円筒埴輪列が巡り、家形埴輪や蓋形《きぬがさがた》埴輪の存在が知られる。前方部西南から小型内行花文鏡、斧形石製品が出土しており、五世紀前半の築造とみられる。後円部頂には、平城坂上陵であり、清少納言が『枕草子』に「みささぎはうぐいすのみささぎ」とする鶯陵だとして、享保十八（一七三三）年の「鶯陵碑」が建てられている。

　また、現在、山麓にある地蔵岩も山頂にあったと伝え、江戸時代に谷に転落、明治三十五（一九〇二）年に現在地に安置されたもので、天文十九（一五五〇）年銘があり、慈悲満行菩薩としての春日明神の本地仏、地蔵菩薩立像を線刻したものである。山頂まで徒歩で簡単に登れ、ドライブウェイを利用すれば、車でも山頂に達することができる。山頂からは奈良盆地だけでなく、南山城方面も望め、奈良随一の展望を楽しめる山である。

（森下恵介）

若草山山麓の地蔵岩

御蓋山《みかさやま》（三笠山）

標高272メートル

若草山の南、春日山の西峰で、山麓には春日大社がある。春日の神がこの峰に御降臨されたとされ、山頂には本宮神社が祀られ、「本宮峯」あるいは「浮雲峯」とも呼ばれる。

蓋《きぬがさ》を伏せたような円錐形の山容をもっており、古くから神のやどる神奈備山《かんなびやま》であったとみられる。春日大社の現社地での創建は神護景雲二（七六八）年と伝えているが、天平勝宝八（七五六）歳の「東大寺山堺四至図」（正倉院宝物）には、図中に「御盖山」が山麓の「神地」とともに描かれており、端書には「三笠山」とも書かれている。

近世には、「三笠山」と書かれることが多く、若草山との混乱が生じることともなった。

大仏殿と御蓋山

『続日本紀』養老元（七一七）年二月一日に「遣唐使、神祇を蓋山の南に祠る」とあって、山麓が神まつりの場であったことがわかる。山麓の飛火野にある六世紀から七世紀にかけての春日野古墳群からは土馬や須恵器小壷など八世紀の祭祀遺物も出土しており、古墳の墳丘が奈良時代に祭祀壇として利用された可能性がある。

　奈良時代に遣唐使の航海の無事を祈って御蓋山、春日山の山麓で神祀《まつ》りを行ったことは天平勝宝二（七五〇）年や宝亀八（七七七）年にも確認できる。『古今集』や『百人一首』に収められる有名な「天の原ふりさけ見れば春日なる三笠の山に出でし月かも」という阿倍仲麻呂の歌は遣唐使出発にあたり、御蓋山の麓で行われた神祀りをふまえたものだと考えられている。また、『東大寺要録』には「御笠山」に「安部氏社」があったとも記しており、仲麻呂にとっては望郷の象徴が御蓋山であったようだ。

　『万葉集』にも「御笠山」を詠った歌は多く、山部赤人の「高按《たかくら》の御笠の山に鳴く鳥の止めば継がるる恋もするかも」、大伴家持の「大君の三笠の山のもみぢ葉は今日の時雨に散りか過ぎなむ」、作者不詳の「春日なる御笠の山に居る雲を出で見るごとに君をしぞ思ふ」などの歌がある。

御蓋山（若草山から）

全山、春日大社境内に含まれ、北西から西側にかけてナギ（椰）の樹林でおおわれている。ナギは、マキ科の高木で、本州では山口県の山林に生

御蓋山（飛火野から）

育しているものが、自生北限とされ、春日大社境内のナギ樹林は、自生ではなく、古くに神木として献木、植樹されたものが、純林の状態にまで繁殖したものと考えられており、「春日神社境内ナギ樹林」として大正十二（一九二三）年に国の天然記念物に指定されている。ナギの分泌する成分は他の植物の発芽成長を抑制し、異臭もあってシカの食害もないことがナギ樹林拡大の要因とされる。

　春日大社の神地として現在は山内への立ち入りは制限されているが、かつて山頂付近に一本の倒れた杉の枝七本が幹となって育った「七本杉」や、山の東側にある春日砥石を採掘したという「蝙蝠《こうもり》窟《のいわや》」などが山内の名所になっていた。山頂の本宮神社付近からは、毛彫鏡像、瓦経、経筒、瓦質経筒外容器、宋銭などの出土が知られ、山頂には鎌倉～室町時代に経塚が営まれていることが知られている。

（森下恵介）

春日山（飛火野から）

春日山《かすがやま》

標高 497.7メートル

奈良市街の東方、御蓋山《みかさやま》の後方に台形状の山容を呈する連峰で、奈良時代の『東大寺山堺四至図』（正倉院宝物）には「南北度山峯《なんぼくにわたるやまみね》」と記される。上水谷《かみのみずや》峰《みね》、花山《はなやま》（高嶽・高峯）、香山《こうぜん》（高山）などからなり、神山として承和八（八四一）年に狩猟、伐採が禁じられ、山全体にコジイ（ツブラジイ）を主とする暖帯林が残る。植物種は千余種に及ぶとされ、大正十三（一九二四）年に「春日山原始林」として国の天然記念物、戦後に特別天然記念物に指定され、「古都奈良の文化財」として世界遺産を構成している。

佐保川、能登川などの水源で、佐保川と能登川の分水嶺である香山には水神として鳴雷神社（香山龍王社）が祀られ、社前の龍王池が能登川の水源で、雨乞いの神として信仰された。また、水谷《みずや》川（吉城川）の水源である上水谷峰には上水谷神社が祀られる。春日山は落雷の頻発所であり、こうしたことも龍神信仰を生んだ一因とみられる。

香山には山麓の新薬師寺とも関わる奈良時代

の山岳寺院である香山堂（香山薬師寺）跡があり、その西方には神野寺と呼ばれた寺跡の存在も推定され、山岳仏教の霊地でもあったことがうかがえる。

地獄谷石窟仏や春日山石窟仏（穴仏）は古代の凝灰岩採掘坑を利用した石窟寺院であり、滝坂にある「夕日観音」や「朝日観音」の名で知られる鎌倉時代から室町時代の磨崖仏は岩から湧出する仏の姿を表現したものとみられる。「花山」の名も仏前に供えるシキミやビシャコなどの仏花を採取する山の意と考えられ、「千日供花」や「閼伽水汲み」など中世には春日山は修行僧の参籠行や山岳練行の地であったようだ。香山に残る正和四（一三一五）年の高山水船《こうぜんみずぶね》に「東金堂」、上水谷に残る文和二（一三五三）年の長尾水船《ながおみずぶね》に「西金堂」と刻されるのはこうした山岳修行が興福寺の東金堂衆や西金堂衆など「堂衆」によって行われていたことをうかがわせている。

㊤地獄谷聖人窟　㊦春日山石窟仏

山麓に春日大社がある西側の御蓋山が神祇的空間であるのに対し、背後の春日奥山は

春日山原始林

仏教聖地といってもよいだろう。

春日山の山内は原始林保護のため立ち入りが制限されているが、春日山北側の若草山との間、水谷川に沿った「月日《つきひ》の磐《いわ》」付近は「洞《ほら》の紅葉《もみじ》」と呼ばれ、紅葉の名所。永正十七（一五二〇）年の仏頭石、建長六（一二五四）年の地蔵石仏が道際にある。奥山ドライブウェイの通じる芳山《ほやま》と花山の間の谷にある名所の鶯滝《うぐいすのたき》は佐保川の源流。原生林の雰囲気を楽しみながら道を進み、地獄谷石窟仏や春日山石窟仏を見て、旧柳生街道で石畳が残る滝坂道を下る、あるいは高畑町から滝坂道を登れば、春日山奥山めぐりが楽しめる。

（森下恵介）

春日山　鶯の滝

高円山《たかまどやま》

標高　461メートル

高円山（飛火野から）

春日山の南、白毫寺《びゃくごうじ》の東方に位置し、毎年八月十五日に行われる「奈良大文字送り火」の山としても知られる。江戸時代には山の南側が西九条、東九条、杏、八条の四村の薪《たきぎ》取りのための入会山であったことから、「四ケ郷山《しかごやま》」とも呼ばれた。

古くから数多くの和歌に詠まれており、「高円の野辺の秋萩いたづらに　咲きか散るらむ見る人無しに」、「春日野に時雨ふる見ゆ明日よりは黄葉《もみじ》挿頭《かざ》さむ高円の山」など黄葉《もみじ》、萩、瞿麦《なでしこ》、尾花、葛《くず》など秋を題材に高円山を詠った歌は『万葉集』だけでも三十首以上に及ぶ。山麓の「高円野」は奈良時代に都人の代表的な行楽地であり、聖武天皇の離宮である「高円離宮（尾上《おのえ》宮、野上《ののうえ》宮）」が営まれ、『続日本紀』の和銅元（七〇八）年に記される「春日離宮」もこの地にあったと推定される。大伴家持は天平勝宝五（七五三）年八月十二日、中臣清麻呂・大伴池主とともに酒壷を携え高円野に登り、「をみなへし秋萩しのぎ　さを鹿の露別け鳴かむ高円の野ぞ」という歌を残しており、天平宝字二年（七五八）年には「高円の離宮処」を思い、「高円の野のうへの宮は荒れにけり　立たしし君の御代とほそけば」と聖武天皇を偲んでいる。

山麓の県立高円芸術高等学校校地は、学校建設時の発掘調査で七世紀から九世紀にかけての掘建柱建物、池、井戸跡が見つかり、天平五（七三三）年銘のある木簡、軒丸瓦、鬼瓦、土馬、銅銭（和同開珎、隆平永宝、富寿神宝）、桧扇、二彩壷などが出土しており、高円（春日）離宮のひとつの候補地となっている。

また、これも山麓にある白毫寺の草創については明らかでないところが多いが、奈良時代に施基《しき》親王（志貴皇子）の山荘「春日離宮」があった地だとも伝えている。白毫寺は、大安寺の僧、勤操《ごんそう》（岩淵僧正）が高円山に建立した岩淵寺《いわぶちてら》（石淵寺）の子院であったともされる。岩淵寺で勤操が行った法華八講は岩淵八講と呼ばれ、寺跡は岩井川ダムの北側、高円山の南山腹に推定する説と瓦類の出土から高円高校の西にある奈良教育大学実習園付近とみる説がある。

白毫寺から眺めた奈良市街

高円山の南を岩井川沿いに遡る県道80号奈良名張線は奈良と大和高原地帯を繋ぐ重要な道路であ

高円山（高円高校から）

るが、江戸時代に伊勢参りにも用いられた「名張道」は鹿野園から鉢伏峠を越えるルートで、大正十一（一九二二）年から昭和二十七（一九五二）年まで「索道」が京終駅から都祁小倉町まで通じていた。高円山山頂付近では戦時中、亜炭の採掘が行われ、山頂へは高円山ドライブウェイ（奈良奥山ドライブウェイ）も通じているが、寺山霊園の南にある登山口からの登山も可能である。登山口から大文字の火床までは二十分ほどで登れる。火床からの展望は抜群である。「奈良大文字送り火」は、県内の戦没者の慰霊と供養を目的に、昭和三十五（一九六〇）年から始められた。火床から三角点（四三二メートル）を経由し、ドライブウェイを渡れば、すぐ頂上となる。

（森下恵介）

椿《つば》尾《お》城《しろ》山《やま》

標高 528.4メートル

椿尾城山（県道福住矢田原線から）

奈良市南部の帯解、窪之庄あたりから東を眺めると、国見山（標高六八〇メートル）の左手に山頂がやや平らな山が見える。この山が椿尾の城山で、山頂に大和の国人領主随一の地位を維持した筒井氏の「山之城」があり、椿尾氏の居城である椿尾城と区別して、「椿尾上城」と呼ばれる。筒井氏の本拠（大和郡山市筒井）からは直線距離でも一〇キロ近く離れているが、筒井氏とは姻戚関係にある福住氏の本拠（天理市福住町）とは至近距離にあり、盆地北部を制圧する位置にある。

本格的な戦国時代に入った十六世紀前半には古市氏の鉢伏城、十市氏の龍王山城、越智氏の高取城など「山之城」と呼ばれる大規模な山城が史料に現われる。天文十六(一五四七)年、筒井氏は「山之城普請」のための人夫を薬師寺に要求しており、この頃、大和の統一を進めていた筒井順昭によって、椿尾上城は大規模に整備されたようだ。こうした山城は大和では平地の居城と対になる緊急時の詰城としての機能だけでなく、恒常的な政庁としての機能をもっていたとみられている。

順昭の死後、幼主、藤勝（後の筒井順慶）は一族の福住宗職《ふくすみむねもと》の後見のもとにこの「山之城」にいたとみられ、永禄八（一五六五）年に松永久秀によって筒井城が落城した後は、「山之城」が筒井氏の反撃拠点となった。元亀元（一五七〇）年には順慶によって、改修されたことも知られ、城跡の西部分の郭《くるわ》や西南山腹に残る竪堀群などはこの順慶による改修とみられている。

城山へは南椿尾町あるいは中畑町から山頂への道が通じているが、人家からは離れ、案内板などは無い。また、城跡から往時は大和盆地を見渡せたのであろうが、現在は植林のため、展望は無い。北椿尾町と中畑町を結ぶ山道の北にある城山の東ピークが主郭で、北面に土塁、南側には堀を巡らしている。南西に郭が並び、尾根を南に下がった郭には土塁を巡らし、その南裾には掘切や竪堀で防御している。水場は北山腹にあり、城跡中央の堀切の西は直線的な郭が造られている。西端の突出部に櫓台も推定され、小規模な石垣をもつ石塁も見られ、築城時期の違いをうかがわせる。西北に延びる尾根は竪堀で狭め、さらに先にも平地があり、菩提山方面への出撃ルートの存在をうかがわせる。

筒井氏がその山頂から大和国中を睨み、盆地への復帰をうかがった椿尾上城は、山内と国中支配の要の城でもあった。大和では「山之城」が国中《くんなか》と山内の境に築かれることにより、戦乱はさらに東山内へも拡大することともなっていったともいえる。

（森下惠介）

国見山《くにみやま》
大国見山《おおくにみやま》

標高　680メートル
標高　500メートル

「国見」とは古く天皇や地方の長が春、農事を始めるにあたり、高いところに登り、そこから見渡せる領域や領民の生活を望み見て、「国ほめ」して、秋の豊穣を予祝する農耕儀礼であったとされる。県内で行われる山登りの行事「ダケ登り」もこの「国見」の形を変えたもので、山頂で開かれる弁当は神との共宴の一種、「直会《なおらい》」である。ツツジの花やササの葉など山から持ち帰られた神の依り代は田の水口に祀られる。こうした豊作への予祝行事がその後に行楽化し、「野遊び」や「花見」となっていったとみられる。

　奈良県内では、御所市に神武天皇が国見をしたという嗛間丘《ほほまのおか》だという説がある国見山（標高二二九・二メートル）が知られ、宇陀には神武天皇が討ったヤソタケルが居た「国見丘」とされる国見山（標高一〇一六メートル）が宇陀市室生と曽爾村の境界にあり、宇陀郡曽爾村と三重県の境、大和、伊勢、伊賀の三国の境界にも国見山（標高八六三メートル）がある。さらに東吉野村の三重県境の台高山脈にも国見山（標高一四一八・九メートル）があり、大峰山系にも国見岳（標高一六五五メートル）が知られる。「国見」と名のついた山はほとんどが山頂からの展望が良いことからその名があるのだが、三重県との県境にある国見山は人家からは離れ、両国が見えるということなのであろう。

　青垣の山では奈良市矢田原町の南、天理市福住町の北に国見山がある。国見岳とも呼ばれ、その大きな山容は奈良市の西部や大和郡山市からよく望め、生駒山よりも四〇メートルほど高く、大和高原の中でも宇陀との境にある額井岳（標高八一六メートル）や貝ケ平山（標高八二二メートル）を除くと、最も高い山である。以前、国土地理院の二万五千分の一地図に山名が記入されていなかった（現在は「国見山」と表記）こともあり、ハイキングや登山の対象にはなっていないが、矢田原町から茶畑の中を登っていくと、山頂に到達する。山頂からはやはり奈良盆地の展望が良い。

国見山（郡山城天守台から）

大国見山（天理市三島町から）

大国見山は名阪国道の南西にある山で、天理市内のどこからでも三角形に尖った山容をみることができ、国見山、大岳とも呼ばれる。滝本町にある布留滝（桃尾滝）から奈良時代初めの義淵《ぎえん(ぎいん)》僧正が創建したと伝える五龍寺のひとつだとされる龍福寺跡を経て山頂へ登る道が通じている。頂上付近には磐座《いわくら》ともみられる巨岩が多い。布留川の水源として古くから神聖視された山であったらしく、このことが龍神と関わる龍福寺の建立にもつながるのであろう。山の名どおり北から西へ天理市街の展望は申し分ない。

布留川流域の天理教本部一帯に広がる布留遺跡は古墳時代の巨大集落遺跡で、古代豪族の物部氏の本拠地とみられるが、ここから眺めた大国見山は特に端正なピラミダルな姿をしている。大国見山は布留遺跡から祀られる「神奈備《かんなび》山」でもあったのではないだろうか。

（森下恵介）

高峰山《たかみねやま》

標高 632.2メートル

奈良盆地から東へ名阪国道（国道25号線）を上って行くと、行く手に堂々とした高峰山が見えてくる。盆地からは名阪国道の橋脚と山頂の北側にある赤白の電波鉄塔が見えるのでよくわかる山である。

名阪国道は昭和四十（一九六五）年に完成した一般国道の自動車専用道路（国道25号線のバイパス）で、当時の建設大臣によって「一〇〇日間で完成させる」という目標が立てられたことから「千日道路」とも呼ばれた。昭和四十一（一九六六）年の「天理教教祖八〇年祭」に間に合わせるようにつくられたのだともいう。名阪国道は天理東インターと福住インターの間、高峰山の西側山腹を大きく北へカーブする通称「Ωカーブ《オメガ》」と呼ばれる急カーブを経て、奈良盆地から春日断層崖を登り、高峰山南の桜峠（標高五〇〇メートル）へ至り、大和青垣を越え、大和高原の天理市福住へと入る。

高峰山（天理市石上町から）

桜峠へは山麓の櫟本から高瀬川の谷沿いに岩屋、堂ヶ谷《どうがや》とショートカットして遡る県道192号福住横田線が通じる。この道は高瀬街道と呼ばれ、名張への近道としてかつては伊勢参りにも用いられ、岩屋には延享三（一七四六）年の「いせ道」の道標も残る。歴史は古く、奈良時代の天平十二（七四〇）年、聖武天皇の東国行幸にはこの道が使われたとみられ、一行は竹谿《つげ》の堀越から伊賀の名張郡衙《なばりぐんが》へと向かっている。

また、かつてこの道は大和高原と奈良盆地間の役牛の移動にも使われた。山間部の田植えが五月に終わると、六月が農繁期となる平地部で牛を利用するため、預けられていた牛は、この道を下り、田植えが済むと、牛は涼しく飼料の豊富な山間部に預けられるので、七月になると牛は、この道を登った。秋十月の農繁期になると、また牛は山を下り、十二月は山間部に戻された。年間約八百頭の牛が年に二度この道を往復しており、堂ヶ谷がその引継ぎ所で、季節には一日およそ百頭の牛が移動していたという。

三角点標石の建つ高峰山山頂へは、東側の天理市福住から緩やかな道をたどると、たどり着く。西側の奈良市米谷町からの道は急坂が続く。名阪国道の下り高峰パーキングエリアからならば、眼下に奈良盆地を見下ろすことができるが、高峰山山頂からの展望は残念ながら、まったく無い。高峰山の北尾根を越えて、天理市福住町別所から奈良市中畑町に下る「七廻峠《ななまわり》（七曲峠）」には鎌倉時代の建長五（一二五三）年銘のある地蔵石仏があり、下山の後、弘仁寺や正暦寺を訪ねることもできるのだが、峠道は少し荒れている。

（森下惠介）

東大寺山《とうだいじやま》

標高　133.9メートル

天理市櫟本町の和爾《わに》下神社《したじんじゃ》から東へ白川池まで続く丘陵は「東大寺山」と呼ばれる。かつて、櫟本町は東大寺領の櫟庄（櫟本庄）で、山林も東大寺領であったことからこの名が生じたようだ。丘陵東部にシャープの総合開発センターがあり、盆地部からは、その建物が望見される。この丘陵は竹林におおわれ、古代豪族和珥《わに》氏と関わるとみられる前方後円墳をはじめとする古墳も多く営まれている。丘陵西端にある和爾下神社の社殿は前方後円墳の後円部頂に建っており、神社東方の住宅地内には国史跡に指定され、整備公開が図られている赤土《あかんど》山《やま》古墳《こふん》がある。

和爾下神社の東北にある天理教城法《しきのり》大教会の裏山にあるのが、東大寺山古墳（北高塚古墳）である。全長一三〇メートル、前方部を北に向ける前方後円墳で、昭和三十六（一九六一）年にタケノコ栽培に伴う切土によって、後円部で多数の刀剣類や石製

東大寺山（西から）

品が出土、天理大学附属天理参考館によって発掘調査が実施された。後円部にあった埋葬施設は長さ六〜七メートルの木棺を粘土で覆った粘土槨で、中世に盗掘を受けていたが、棺内から勾玉、棗《なつめ》玉、管玉などの玉類、腕輪形石製品、石製小型丸底壺・器台が出土し、棺の左右両側からは粘土槨に封入された状況で鉄刀、鉄剣、鉄槍、銅鏃と鉄鏃を装着した矢束、盾金具である巴形銅器、粘土槨南側からは革製短甲《たんこう》、草摺《くさずり》、盾が出土している。腕輪形石製品が五十一点出土しており、そのなかでも格が最も高いとされる鍬形石《くわがたいし》が二十六点以上もあり、国内の発見例としては、最も多い。

副葬された鉄刀は切先《きっさき》を南、刃部を棺側に向けて置かれており、鉄刀は実用ではなく、魔を避ける儀礼用の刀とみられている。柄頭《つかがしら》の部分が環状を呈する環頭大刀《かんとうたち》には花形（鳥形）や家形の装飾をもった国産（倭製）の青銅製環頭がつくものがある。家形の装飾は竪穴住居を表したもので、広陵町の佐味田宝塚古墳出土の家屋文鏡に表現された家とも類似し、「御霊屋《みたまや》」を表すとみる意見もある。

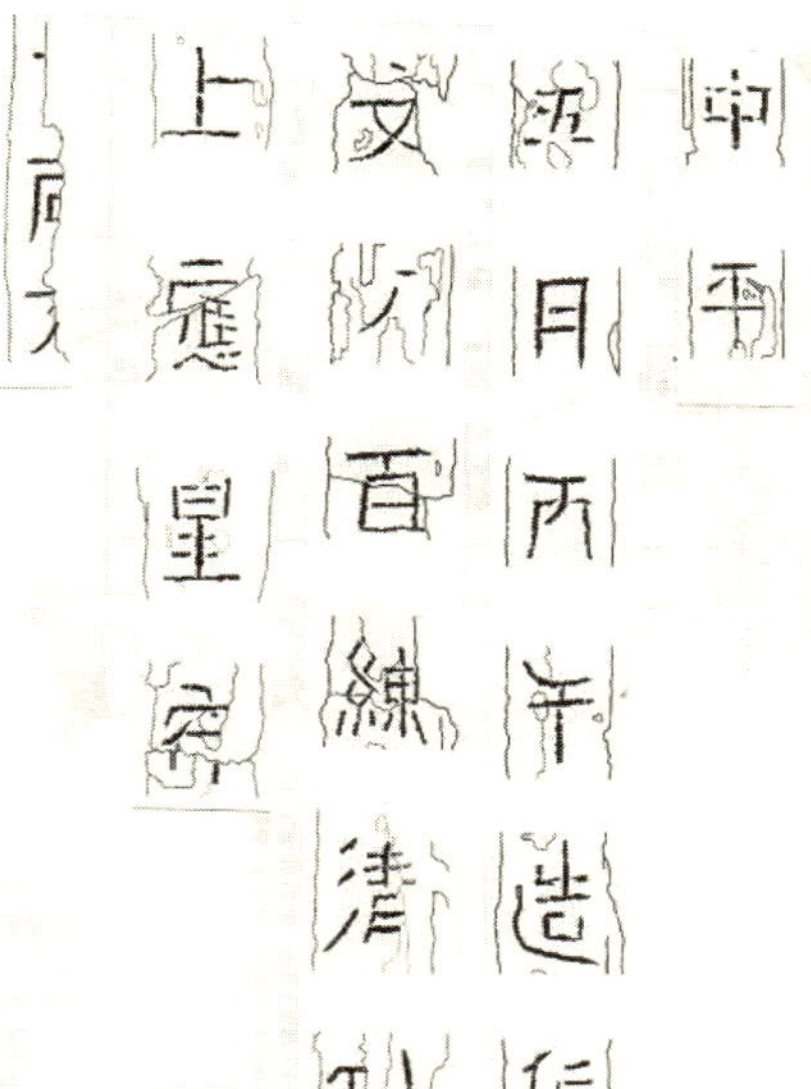
刀の銘文

この古墳の数多い副葬品の中で最も注目されるのが、後漢の年号である「中平（西暦一八四〜一八九年）」の銘をもつ鉄刀である。背に「中平□年五月丙午造作支刀百錬清鋼上応星宿下辟不詳」の二十四文字が金象嵌《きんぞうがん》され、刀身部は中国製だが、国産（倭製）の柄頭を取り付けている。古墳の築造時期は前期の後半（四世紀中頃〜後半）とみられ、二世紀末の後漢でつくられた刀がどのようにして大和の地に伝わり、この古墳に納められたのだろうか。後漢末、中国遼東地方で自立化していた公孫氏が倭国に共立された女王卑弥呼に与えたとみる説もある。

赤土山古墳

この周辺ではこの東大寺山古墳が、今のところ最も古い古墳で、この古墳に続いて赤土山古墳、和爾下神社古墳が営まれたと考えられている。初期大和政権を支えた和珥《わに》氏の将軍が被葬者とみてよいのだろう。出土遺物が東京国立博物館の蔵品となっており、地元の奈良で見られないのが、残念だが、興味は尽きない。

（森下恵介）

青垣東南の山々

平尾山《ひらおやま》
豊田山《とよだやま》

標高　108メートル
標高　180メートル

平尾山（西から）

名阪国道の南、天理北中学校の東北から天理東インターチェンジまで一・五キロほど続く平坦な台地が平尾山。山麓に通じる石上町の上街道沿いに安政七（一八六〇）年の「正一位平尾姫丸稲荷大明神」「従是東五町」と彫ったりっぱな石柱道標が立っており、この道標に従い、東へ六〇〇メートルほど歩くと、丘の上にある平尾姫丸稲荷神社に着く。

現在、麓の石上町にある石上市神社はもと平尾天神宮と呼ばれ、ここにもとあって、稲荷社だけが残ったとされる。また、平城天皇の皇子、阿保《あぼ》親王がこの地にあった寺を遷して、在原寺とした。在原業平《ありはらのなりひら》の幼名は平尾丸（麻呂）といい、ここで生まれたのだともいう。さらにはこの地は、履中天皇の第一皇子、市辺押磐《いちのへのおしはの》皇子《みこ》の石上市辺宮《いそのかみいちのへのみや》の跡だといい、その子、仁賢《にんけん》天皇の石上広高宮の地もここだとされる。興味深い伝承で、稲荷神社の周辺は「宮の屋敷」と呼ばれる広い平坦地になっている。

石上銅鐸出土地

稲荷神社から三〇メートルほど東へ行くと、道の北側に石上銅鐸出土地のりっぱな石碑と解説板がある。明治十六（一八八三）年と翌年に畑の耕作中にこの地で二つの突線鈕式銅鐸が発見され、発見された銅鐸は現在、宮内庁の所蔵となっている。最初に発見された1号鐸は高さ六〇・五センチ、鐸身の文様は格子目文帯で上下二区に分け、流水文を施す。２号鐸は高さ五八・三センチ、鐸身の文様は一面には上下を分ける文様帯があるが、背面は全面が流水文となっている。また2号鐸の鈕《ちゅう》の部分には二人の人物像を描いているのが珍しい。ともに紀元前後、弥生時代中期終り頃の銅鐸と見られており、いわゆる音を「聞く銅鐸」から「見る銅鐸」への過度期に製作、祭祀に使用されたものとされる。

道を東に進み、白川大橋へ続く車道を横断し、石上配水池のタンクの間を行くと、右手の山の上に石上大塚古墳がある。墳丘長約一〇七メートルの前方部を北に向けた古墳時代後期（六世紀）の前方後円墳で、後円部にある横穴式石室は上部の石材が抜き取られている。また、山の辺の道ハイキングコースの分岐から谷を隔てた東南に行くと、左手にウワナリ塚古墳があり、これも全長約一一〇メートルの前方部を北に向けた後期の前方後円墳で、後円部南に横穴式石室が開口している。ウワナリとは

平尾山ウワナリ古墳の石室

後妻の意味であるが、隣接する石上大塚をコナミ（先妻）と意識して名付けられたのであろうか。

　さらに東にある天理東インターチェンジ付近には約一三〇基の小型円墳が集中する石上豊田古墳群があり、その中にあって、二つの前方後円墳の被葬者は、石上布留を本拠とし、軍団の長でもあった古代豪族、物部《もののべ》氏一族とみてよいのだろう。

　平尾山の南、天理市街地の北側、豊田町から別所町にかけての丘陵は豊田山。豊田山は明治二十四年に天理教祖墓地がこの地に移され、その名がよく知られるようになった。教祖墓地からは真南に天理教本部が望まれ、天理市街が一望できる。

　また、丘陵の東部、県道51号（天理環状線）沿いにある天理教本部第三八母屋のすぐ東の裏山には豊田城跡がある。豊田氏は興福寺大乗院方の有力衆徒で、永享元（一四二九）年に井戸氏と争い、これが「大和永享の乱」のきっかけとなった。奈良県の城としては空堀が最も発達し、二つの郭群を囲む横堀が良く残る。

　また、豊田山の西麓、山の辺小学校の北には尾根を利用して、六世紀中頃とみられる全長約一二五㍍の前方後円墳、別所大塚古墳が造られており、平尾山の石上大塚、ウワナリ塚へと築造系譜がつながるものとみられている

（森下恵介）

布留山《ふるやま》
桃尾山《もものおやま》

標高　266メートル

標高　482メートル

石上神宮《いそのかみ》（天理市布留町）の東方、内馬場町の東北、標高二六六メートルのピークが「布留山」と呼ばれるが、柿本人麻呂が「をとめらが袖布留《そでふる》山の瑞垣《みづかき》の　久しき時ゆ思ひきわれは」（『万葉集』巻四—五〇一）と詠《うた》った「布留山《ふるやま》」は、より広く石上神宮周辺一帯の山域を指すと思われる。

石上神宮は『日本書紀』に伊勢神宮とならび「神宮」と記載され、日本最古の神社のひとつとされる。「石上社」、「布留社」とも呼ばれ、主祭神は布都御魂剣《ふつのみたまのつるぎ》に宿《やど》る布都御魂大神とされる。軍事に携わった古代豪族、物部氏が祭祀し、神社は大和政権の武器庫としての役割も果たしてきたと考えられている。

石上神宮

西暦三六九年に制作され、百済王から倭王に贈られたとみられる七つの切っ先を持つ「七支刀《しちしとう》」が神社に伝来し、国宝に指定される。その後、五世紀から七世紀へと続く倭国と百済の同盟関係の始まりの証《あかし》ともいえる刀である。

中世以降は布留郷の鎮守で、神宮寺である内山永久寺と共に栄え、江戸時代に「西の日光」とも呼ばれた内山永久寺は明治の神仏分離で廃寺となった。古来、石上神宮には本殿は存在せず、拝殿（国宝・鎌倉時代初期）の奥の聖地（禁足地）を「布留高庭」「御本地」と称して祀るという古い形態を伝えていた。

石上神宮の東約二キロにある桃尾山（天理市滝本町）にある桃尾滝は「布留滝」と呼ばれ、このあたりも「布留」の地に含まれる。滝の落差は約二三メートル、奈良盆地東縁にある滝の中では最大の規模をもつ。「今もまた行きても見ばや石《いそ》の上《かみ》ふるの滝つせ跡を尋ねて」という後嵯峨天皇の御製があり、『古今集』などにも詠われる古くからの名所になっている。『大和名所図会』（寛政三年・一七九一）に「絶景きわめ無くして　廬山の銀河三千尺ともいひつべし」とあり、元禄元（一六八八）年には松尾芭蕉もこの地を訪ね「滝のけしき言葉なし」と記している。

桃尾滝（布留滝）

滝から北側に登ったあたりは、龍蓋寺（岡寺・明日香村）、龍門寺（吉野町）とともに三龍寺（龍峯寺、龍華寺を加えて五龍寺ともいう）のひとつともされた龍福寺の跡で、子院跡の平地と石垣が残る。桃尾寺とも呼ばれ江戸時代まで十六坊があったというが、明治に廃絶、現在、阿弥陀堂跡に報親教大親寺という寺が建っている。寺跡から大国見山（標高５００メートル）の山頂へ道は続いている。

また、滝脇の岩壁には鎌倉時代中期とみられる像高一三八センチの不動明王立像が板彫り状に脇侍の両童子とともに線彫りで彫られており、大和の不動石仏の中でも屈指の名作とされる。さらには滝前の小堂内に祀られている不動石仏も貞和四（一三四八）年銘をもち、滝が龍福寺の行人方修行者の行場であったことがうかがえる。桃尾滝には駐車場も備わり、春の新緑、秋の紅葉と四季折々訪れる人が多く、山の信仰を訪ねてみたい。

（森下惠介）

桃尾滝の不動明王磨崖仏

竹之内山《たけのうちやま》

標高　434メートル

天理市園原町、乙木町、竹之内町の東にそびえる山。あまり有名ではないが、天理市内から見ると、大きな山である。南側の龍王山（標高五八五・五メートル）との間に竹之内町から天理ダム、大和高原方面に通じる竹之内峠（標高三四二メートル）を越える道が通じている。

二上山の南を大阪へ通じる竹内峠はあまりにも有名だが、この峠もかつては奈良盆地と東山間を結ぶ重要な交通路であった。だが、現在はまったく利用されなくなっている。以前にこの竹之内峠から山頂を経て杣之内町《そまのうち》に下ったことがあるが、植林の山で山頂からの展望については、まったく記憶に無いが、竹之内峠近くの道沿いで古墳の横穴式石室が開口しているのを見た記憶がある。葛城山系と同じく、かなり標高が高いところまで古墳時代後期（六世紀後半）の群集墳が営まれているようだ。

竹之内山（杣之内町から）

山麓の竹之内町は標高一〇〇㍍。大和では最も高地にある環濠集落とされる。盆地の環濠集落には排水機能も重視されるが、ここでは環濠の目的はやはり集落の防衛ということになるだろうか。集落の東方にある十二神社の地はもと乙木村に属し、『延喜式』神名帳、山辺郡の夜都伎《やつぎ》神社の故地だと伝える。

この十二社神社から東へ約二〇〇㍍登った尾根の斜面から、昭和十四（一九三九）年、開墾中に銅鐸一個が出土している。ここからは盆地のほとんどが見渡せ、銅鐸は斜面と同方向に、ひれ部を水平にして埋まっていたという。いわゆる袈裟《けさ》襷《だすき》文《もん》をもつ扁平鈕《へんぺいちゅう》式銅鐸であり、弥生時代中期（紀元前二～紀元前一世紀）のものとみられる。

『万葉集』には、柿本人麻呂が妻を失った時の歌が残されおり、

衾道《ふすまじ》を引手《ひきて》の山に妹を置きて　山路を行けば
生けりともなし（巻二―二一二）

がよく知られている。ここでいう「引手の山」は現在の龍王山のこととされ、「衾道」が手白香《たしらか》皇女《ひめみこ》の衾田墓《ふすまだのはか》近くを通る道ということになり、これを漠然と現在、ハイキングコースとなっている「山の辺の道」と考える人が多いが、「山辺道」という古代の道は崇神天皇や景行天皇の陵名の「山《やま》辺《べ》道上陵《みちのえのみささぎ》」の他、史料にはみられず、古代に存在したかどうかは明らかでない。また、古代の山名はひとつのピークを指さず、山域一帯を指している場合が多く、「引手の山」も龍王山から竹之内山一帯と考えても良い。

龍王山山麓から竹之内山山麓には古墳時代前期から後期にかけての古墳が多いのだが、これらは柿本人麻呂の時代よりも古く、万葉歌とは時期が少々合わない。万葉の時代の墓としては、竹之内山の西北麓にある「おやさと競技場」で発見されている「杣之内火葬墓」がある。海獣葡萄鏡や銀かんざしが出土しており、天理参考館で展示公開

竹之内山（天理市乙木町から）

杣之内の海獣葡萄鏡（天理駅前）

されている。天理駅前にある海獣葡萄鏡のモニュメントはこの鏡がモデルとなっている。この火葬墓については被葬者を柿本人麻呂と同時代の石上麻呂とみる説もあり、七世紀末〜八世紀の貴族や官人の火葬墓がこの地域に営まれていることに注目したい。

（森下恵介）

龍王山《りゅうおうざん》

標高 585.5メートル

龍王山（天理市中山町から）

龍王山は、奈良盆地中南部において東側に間近に見える山の中では最も高いことから、よく目立つ存在と言える。また、西側の山麓には古くからの交通路とされる「山の辺の道」が通じ、多くの名所・旧跡が所在している。山頂へは萱生、中山、釜口、渋谷、穴師、笠、藤井などからの道が通じる。

古墳では、古墳時代前期の大型前方後円墳で天皇陵に治定《じじょう》されている行燈山《あんどんやま》古墳（崇神天皇陵、全長二四二メートル）や渋谷向山《しぶたにむこうやま》古墳（景行天皇陵、全長約三〇〇メートル）を代表とする大和《おおやまと》古墳群がある。いずれも龍王山から西に延びる東西方向の尾根を利用し、周辺に周濠も備えている。西に向けた前方部から東に向かって拝礼する形態は、背後に聳える龍王山を遥拝しているようでもある。

古墳時代後期になると、前期の古墳群より標高の高い龍王山の中腹に横穴式石室を主体部とする古墳や横穴が合わせて六〇〇～一〇〇〇基に及ぶ龍王山古墳群が営まれる。全国的にも有数の規模の群集墳であり、つくられた年代は二、三百年

龍王山古墳群

隔たるが、両古墳群が全く関係ないとも思われない。奈良盆地に居住する支配者・被支配者たちの墓域として認識されていたことは指摘できるのではなかろうか。

また龍王山は、『万葉集』において柿本人麻呂が亡くなった妻を思い、詠んだ歌に見られる「引《ひき》手《て》の山」とされている。この歌からは、人麻呂の妻が葬られたのは龍王山古墳群であったことも推測されているが、龍王山が「由槻《ゆつき》が嶽（弓月が岳）」とする説もある。

周辺で知られる飛鳥・奈良時代の寺院跡は一か所だけであるが、平安時代の天長元（八二四）年に淳和天皇の勅願で空海によって開かれたという

長岳寺

長岳寺が中世には山麓に大規模な伽藍を誇っていた。本尊は平安時代後期の阿弥陀三尊像であり、平安時代の鐘楼門や室町時代の旧地蔵院、鎌倉時代の五智堂といった建物も残され、これらは重要文化財に指定されている。五智堂は傘堂とも呼ばれる一風変わった建物で、上ッ道（上街道）と参道の分岐点に立っている。

　中世になると龍王山の山頂には、大和の有力豪族であった十市氏によって龍王山城が築かれた。城は最高点を中心とする南城とやや低い北峯（標高五二〇メートル）を中心とする北城にわかれ、大和においてかなり大規模な中世城郭であった。多くの郭や土塁、空堀、石垣さらには礎石建物や石段を現在も見ることができ、奈良盆地への眺望もすばらしい。城が整備されたのは天文年間（一五三二～五五年）の十市遠忠の時代と考えられており、天正六（一五七八）年に破却されている。

　龍王山の名称は、山頂付近に清水が湧く池があり、雨乞いを祈願する水神として龍王が祀られたことによる。現在龍王社は、柳本龍王社と藤井・田龍王社の二か所があり、それぞれの地域が祀っている。このような山頂祭祀が何時の時期から行われたかは明らかではないが、中世には城自体が龍王城と呼ばれていたようである。龍王山は親しまれた山であったがゆえに、時代によって様々な姿を見せていると言えるであろう。（大西貴夫）

山頂にある柳本龍王社

穴師山《あなしやま》

標高　409メートル

奈良盆地の東方、奈良市・天理市・桜井市にかけての大和青垣の南端、三輪山の北側、巻向川が流れる車谷を挟んでそびえる山が穴師山である。北側には龍王山、背後には巻向山が迫る。

穴師山は、

纏向の　痛足《あなし》の山に　雲居つつ　雨は降れども
濡れつつそ来し（『万葉集』巻一二—三一二六）

と万葉歌では「痛足」の語句で記した。また、柿本人麿が雲を詠んだ万葉歌、

痛足《あなし》川　川波立ちぬ　巻目《まきもく》の　由槻《ゆつき》が嶽に
雲居立てるらし（巻八—一〇八七）

には、三輪山と穴師山を画する谷筋に沿って盆地へと流れる川（現在の巻向川）を「痛足川」と記

穴師山（桜井市巻野内から）

し、穴師山を「由槻が嶽」とも呼んだ。万葉歌人は、穴師山を「痛足山」或いは「由槻が嶽」として親しむとともに雲が立つ山と認識していたことがわかる。

平安時代、最初の勅撰和歌集である『古今和歌集』には、

巻向の　穴師山の　山人と　人も見るがに
山かづらせよ（巻一八―一〇七六）

の歌が収められ、「穴師山」と表記する。痛足山から穴師山へと変わるのは、平安時代になってからのようだ。

穴師山の西方眼下には纒向遺跡や箸墓古墳をはじめとする古墳群が築かれていて、ヤマト王権発祥の地が広がる。さらに、北側の竜王山の南裾の間を縫うように東から西に延びる谷筋一帯には六世紀後半頃から七世紀後半頃の約一〇〇年間をかけて、一〇〇〇基に及ぶといわれているヤマト王権を支えた人たちが眠る龍王山古墳群が築かれている。

山の西麓には穴師坐兵《あなしにいますひょう》主《ず》神社《じんじゃ》（延喜式内社）が鎮まっている。現在の兵主神社の社地は、もとも

穴師坐兵主神社

とは穴師《あなし》大兵主《おおひょうず》神社《じんじゃ》（延喜式内社）の地（下社）であり、巻向山山中にあった上社の穴師坐兵主神社が中世の戦乱で焼け、巻向山中にあったらしい巻向《まきむく》坐《にいます》若《わか》御魂《みたま》神社《じんじゃ》（延喜式内社）とともにこの地に移されたと伝えられている。

穴師山山頂の北と西南には山城にみられる堀切があり、奈良県の遺跡地図（埋蔵文化財包蔵地）では「穴師山城塞跡」の遺跡名がつけられている。室町時代の後半のものとみられているが、この城塞跡の構造は堀切の他は不明である。北にそびえる龍王山には、室町時代後半に十市、式上、山辺三郡（現在の橿原市北部、田原本町、天理市と桜井市の一部）を支配した十市《とおち》氏（橿原市十市町の十市城に本拠を置く）が、龍王山城を築いており、この龍王山の南に連なる穴師山も龍王山城の一角を担っていたのではないだろうか。

（竹田政敬）

三《み》輪《わ》山《やま》

標高　466.9メートル

三輪山（桜井市芝から）

三輪山は、奈良盆地の東南に位置し、盆地からは優美な円錐形の山容をみせる。大和を代表する山であるとともに神の居《い》ます神奈備山《かんなびやま》の代表として名高く、古来、神の山（神体山）として厚く信仰され、西麓には三輪の神を祀る大和国の一宮でもある大神《おおみわ》神社、北に狭井《さい》神社、檜原《ひばら》神社が鎮まっている。

山頂には高宮《こうのみや》神社（もと『延喜式』神名帳に記される神坐《みわにいます》日向《ひむかい》神社）が鎮まる。山の西方中腹と西麓には、神の居ますところと観念されている奥津《おくつ》磐座《いわくら》、中津《なかつ》磐座《いわくら》、辺津《へつ》磐座《いわくら》と呼ばれる巨石群がみられる。辺津磐座の南にあって、狭井神社の東北、三〇〇《メートル》あまり離れたところにある「山ノ神遺跡」と呼ばれる磐座周辺からは古墳時代の小型鏡をはじめ、勾玉、子持ち勾玉《まがたま》、滑石製の模造品や玉類、小型土製模造品（臼《うす》・杵《きね》・柄杓《ひしゃく》・箕《み》・俎板《まないた》）などの祭祀遺物が出土している。土製模造品は酒造りの道具を表しており、『日本書紀』崇神天皇八年に記す大神《おおみわ》の神酒《みき》をつくる「掌酒《さかびと》」の語句、それに続いて詠まれた歌の「大物主の醸《かも》す神酒」や、『万葉集』（巻一―一七）の「味酒《うまさけ》　三輪の山」の歌句とも重なり合う。三輪山の山裾には、縄文時代から平安時代にかけての三輪金屋遺跡をはじめ、二〇か所以上の祭祀遺物が出土する遺跡（祭祀遺跡）が知られている。

三輪山に居ます大神は、『古事記』や『日本書紀』が記す大国主神の幸魂《さきみたま》・奇魂《くしみたま》である大物主神《おおものぬしのかみ》である。この大神は、三島溝橛耳神《みしまのみぞくいみみのかみ》のむすめ玉櫛媛《たまくしひめ》との間に生まれた媛蹈鞴五十鈴媛《ひめたたらいすずひめ》が、神武天皇の皇后となり、また崇神天皇の御代に国中に大流行した疾病に悩んだ天皇に、「わが子で三輪君《みわのきみ》の始祖である大田田根子《おおたたねこ》を神主として、われを祀れば疾病が収まる」と夢告し、疾病を収め、あるいは、崇神天皇の叔母である倭迹迹日百襲姫命《やまとととびももそひめのみこと》を妻とするなどヤマト王権とは深く関わりのある神とされる。三輪山の西方眼下にヤマト王権発祥の舞台となった遺跡が数多くみられることが、そのことを雄弁に語る。そして、崇神天皇に夢告し、大田田根子から

大神神社

大神神社大鳥居から見た三輪山

はじまった三輪山に居ます大物主神を祀る社が大神神社である。

王権に深くかかわりのある三輪山は、『万葉集』が詠まれた時代もそのように観念されていた。それ故に『万葉集』でも多くの歌が詠まれている。

箸墓古墳と三輪山

『万葉集』には四、五一六首の歌が収められていて、北は宮城県、西は大分県に及ぶ一九二の山を題材にして四三六首の歌が詠まれている。そのなかで、明らかに三輪山を題材とする歌は一九歌と、最も多い。
歌中では、三輪山をみむろの山、三諸の山、三室の山、神名火山、見諸戸山と詠んでいるが、それらはすべて三輪山を表している。そして、わずか二歌ながら三輪山に茂る杉に「神杉」(巻二―一五六)、「いはふ杉」(巻四―七一二)の歌句を用いていることで、樹木にも神が宿っていると観念していたことが知られる。
作家三島由紀夫は、「豊穣の海」を書くにあたって、三輪を訪れ、神の居ます三輪山を登拝し、全身に神を感じ、そのことを「清明」の語句で象徴した。三輪山は、神が宿る神聖な山として古来変わらず、優美な山容をみせている。(竹田政敬)

巻向山（桜井市箸中から）

巻向山《まきむくやま》

標高 566.9メートル

巻向山は三輪山の北東にあり、奈良盆地から見ると、向かって右に三輪山、左に穴師山を従え、その奥にある堂々たる姿が望め、この山が『万葉集』に詠まれる「由槻が嶽」とする説もある。一方で、南側の初瀬谷から見る巻向山は、三輪山から続く起伏の少ない東西方向の稜線が続き、山中にある奥不動寺西北部は浸食された花崗岩が露呈し「白山《しろやま》」と呼ばれる。今回は南側、初瀬谷からの巻向山とその山麓についてみていきたい。

巻向山の南山麓は、初瀬川に向かって緩やかに下る傾斜地で、南側の外鎌山や岳山の山塊との間の初瀬谷に沿って横大路から東国に抜ける古代の東海道が存在し、現在も国道165号線や近鉄大阪線といった主要交通路が通じている。平坦地としては決して広くはないが、西方への眺望が開け、葛城山や金剛山まで望むことができる。周辺には、『古事記』や『日本書紀』に記される雄略《ゆうりやく》天皇の「泊瀬朝倉宮《はつせあさくらのみや》」や武烈《ぶれつ》天皇の「泊瀬《はつせ》列城宮《なみきのみや》」の伝承地が存在しており、古代史において、注目すべき地域である。

初瀬谷の入口から少し東に入った桜井市脇本の春日神社周辺に広がる脇本遺跡では、発掘調査によって五世紀から七世紀までの掘立柱建物や塀、五世紀後半の石積みを施した壕状遺構などが確認されている。これらの中で、推定される雄略天皇の年代から五世紀後半の遺構群が泊瀬朝倉宮に関わると考えられている。雄略天皇は『万葉集』の冒頭を飾る歌を詠んでおり、「万葉集発耀讃仰碑《はつようさんごう》」が脇本の東方、黒崎の白山神社境内に立てられている。また、雄略天皇は『宋書』倭国伝に記された「倭王武」であり、かつ埼玉県の稲荷山古墳から出土した鉄剣銘の「獲加多支鹵《わかたける》大王」である。鉄剣銘の「辛亥」年は四七一年、「斯鬼宮《しきのみや》」は泊瀬朝倉宮のことと考えられている。さらに時代は下るが、脇本遺跡の七世紀後半の遺構群は『日本書紀』天武二（六七四）年から翌年に記される大来皇女《おおくのひめみこ》が伊勢神宮に向かうため潔斎を行った泊《はつ》瀬斎宮《せのいつきのみや》との関わりが推定されている。

巻向山（初瀬谷から）

黒崎の東は出雲の地である。十二柱神社の境内には垂仁《すいにん》天皇の時に当麻蹶速《たいまのけはや》と相撲をとり勝利した野見宿禰《のみのすくね》の五輪塔（鎌倉時代）がある。神社の南東にあった野見宿禰の塚に以前はあったと伝え

巻向山の磐座

るが、塚は削平されて現存しない。この出雲からは巻向山への登山道が通じており、山の南中腹には、「ダンノダイラ（檀の平）」と称される平坦地がある。その東側には磐座とされる巨岩があり、麓の十二柱神社からこの岩が遥拝されていたという。周辺からは六世紀から十二世紀にかけての土器が採集されたと言われるが、詳細は明らかではない。磐座とされる巨石は、尾根続きの西方、三輪山のものがよく知られ、斑れい岩の露岩であり、この地域の地勢の特徴であるとともに古くからの祭祀対象であった可能性はある。

巻向山南麓は、多くの遺跡や万葉歌などから古代において王権とゆかりの深い重要な場所であったといえよう。

（大西貴夫）

天神山《てんじんやま》（与喜山《よきさん》）

標高　455.1メートル

天神山（近鉄長谷寺駅から）

初瀬の地は『万葉集』に「隠国《こもりく》の」という枕詞《まくらことば》をつけて詠われている。「こもりく」は奥まった狭く閉ざされたところという意味であり、初瀬の細長い谷地形をみごとに表現している。その初瀬谷の奥に天神山がある。またの名を与喜山《よきさん》という。それほど高い山ではないが、秀麗な山容をみせる。山の南西側斜面約三一ヘクタールは国の天然記念物「与喜山暖帯林」に指定されている。常緑広葉樹の原生林であり、カシ・シイ類が発達した林相を示し、ツブラシイの群落がみごとである。山頂は狭く展望はきかないが、林床に露出、散在する巨岩がところどころで祀られており、神の坐す山の雰囲気が漂っている。

初瀬川にかかる天神橋をわたり與喜天満神社《よきてんまじんじゃ》の表参道をすこし登ると、階段の途中に与喜寺跡がある。江戸時代以後に小池坊能化（住職）が隠居して住んだ寺跡である。さらに杉木立に囲まれた石段をのぼりつめると神社につく。天満神社は天神様（菅原道真公）を祀る。鎌倉時代の『長谷寺験記』

によれば、もともと長谷寺の鎮守神であった滝蔵権現が道真公に鎮守の座を譲り、長谷寺の上流四キロにある滝倉山に隠棲する。道真は滝蔵権現の勧めによってこの天神山に鎮座し、新たな鎮守神となったという。

長谷寺は十世紀中頃から十一世紀末にかけて計五回もの火災に見舞われる。その原因を道真の怨霊と考え、道真を祀るようになった。神社に残されている重要文化財の木造天神坐像は鎌倉時代の作。高さ九六センチの寄せ木造りで、天神の彫像としては最古のもの。衣冠束帯で、忿怒の形相であり、初期の天神の性格がよく表れている。像内に「正元元年」（一二五九）の銘があり、頭部には十一面観音を線刻した鏡が納められている。やがて道真は怒りをおさめ、学問・詩文の神として崇められるようになる。

境内にはかつて菅明院《かんみょういん》という長谷寺の塔頭があり、十五世紀初頭ごろから法楽の連歌会が盛んに行われた。裏参道を下ると朱色の連歌橋にたどり着く。その名のとおり長谷寺の僧が菅明院での連歌会に赴くときに通る橋である。

與喜天満神社

天神山の向かいには長谷寺の境内が広がる。『続日本紀』神護景雲二（七六八）年十月、称徳天皇は長谷寺に行幸し、田八町を喜捨したと記す。このころまでには建立されていたのは確かである。縁起類の検討からは、養老四（七二〇）年から神亀四（七二七）年頃にかけて造営されたとされている。考古学的には防災施設工事に伴う調査で出

天神山（初瀬の門前町から）

土した八世紀前半の複弁六弁蓮華文軒丸瓦が最古の瓦で、奈良時代の観音堂の創建瓦と考えられている。その後、九世紀半ばに定額寺に列する。十世紀半ばには雷火により灰燼に帰すが、早々に復興し、十世紀末に興福寺末に編入される。やがて長谷観音信仰が盛んになり、貴顕衆生が頻繁に長谷詣をくりかえす。そして、今日の西国観音霊場第八番札所として信仰を集めるにいたっている。

與喜天満神社、長谷寺、初瀬の門前町、それらが一体となって、神の宿る山、天神山を守り伝えてきた。天神山は鎮守の森そのものである。

（服部伊久男）

青垣南の山々

外《と》鎌《がま》山《やま》

標高　292.4メートル

外鎌山は、榛原から奈良盆地に向かって延びる山系の先端に位置する。万葉の時代、忍坂《おさか》山とよばれた。

『万葉集』に収められた

隠口《こもりく》の　泊瀬の山　青幡《あおはた》の　忍坂の山は　走《はしり》出《で》の　宜しき山の　出立《いでたち》の　妙《くわ》しき山ぞ　あたらしき　山の　荒れまく惜しも

（巻一三‐三三三一）

は、泊瀬山と忍坂山が荒れていることを惜しんだ歌であるが、歌中の忍坂山には「青幡の」の枕詞がつくとともに「妙しき山」と詠んでいることから本来、忍坂山は青々と木々が生い茂った美しい姿の山として鑑賞されていた。現在も整った山容から「朝倉富士」の名がある。

忍坂山は神が居ます山と観念されており、その西麓近く、山裾に沿って流れる粟原川を挟んで、右岸に忍坂《おしさかに》坐《います》生《いく》根《ね》神社（延喜式内社）、左岸に忍坂山口坐《おしさかやまぐちにいます》神社（延喜式内社）がそれぞれ鎮まっていることが、そのことを雄弁に語っている。

外鎌山（近鉄桜井駅から）

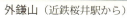

低山であるが、西裾付近は推古二十一（六一三）年に難波から飛鳥にかけて開設されたとみられる横大路の終点にあたる。そして、この横大路の終点から北麓に沿って平安時代、人々に夢を授ける聖地であった長谷観音をご本尊とする長谷寺参りに多くの人々が往来し、後に伊勢街道と呼ばれた初瀬《はせ》街道、そして西麓の忍坂から南麓に沿って『古事記』、『日本書紀』が記す神武《じんむ》東遷伝承において、女寄《めより》峠から神武天皇が忍坂山（外鎌山）の西麓、忍坂の地に進軍し、「みつみつし　来目《くめ》の子等が」とうたって敵方を撃破した「久米歌」が誕生した宇陀街道（国道１６６号線）へと分岐する交通の要衝にこの山は聳《そび》えている。

外鎌山（桜井市忍阪から）

舒明天皇陵

　南に東西に入り込む谷筋の北側には、皇極元

（六四二）年に滑谷岡《なめはざまのおか》に葬られた舒明《じょめい》天皇の陵を翌年に押坂《おしさか》の地に改めて造り、新たな陵となった押坂内陵《おしさかうちのみささぎ》（段ノ塚古墳）をはじめ、天武十二（六八三）年に薨去《こうきょ》した鏡女王《かがみのおおきみ》墓、欽明《きんめい》天皇と蘇我堅塩媛《そがのきたしひめ》の娘である大伴皇女《おおとものひめみこ》の押坂内墓の陵墓が築かれた。

さらに山頂から四方に延びる尾根のなかで西方から北方、及び東方に延びる尾根に総数六八基の古墳が築かれ、そのなかには室生火山岩（榛原石）を使って構築された磚槨《せんかく》式横穴石室、平面形状が正六角形の特異な磚槨式横穴石室を埋葬施設とする古墳も含まれている。西北に築かれた古墳一帯は、現在は住宅街へと変貌している。

奈良盆地を一望できる絶好の地ゆえに中世、南北朝時代に南朝方の武将、戒重西阿《かいじゅうせいあ》が山頂に単郭の城、外鎌山城を築いた。西阿は、北朝との合戦によりこの城で自刃したという。山頂の城跡には西阿の墓碑が遺されていて、合戦の激しさを伝えている。

現在、外鎌山はその北西が住宅街へと変貌しているものの、交通の要衝にあって、今も神の居ます美しい山容をみせている。（竹田政敬）

鳥見山《とみやま》

標高 245メートル

鳥見山（桜井市阿部から）

奈良盆地の南部を東西に貫く横大路は、東に向かっては北側の三輪山と南側の鳥見山の間を入口として初瀬谷に続く。また、奈良盆地の中心を流れる大和川（初瀬川）はこの谷から流れ出る。このような地形から見て古墳時代から飛鳥時代の宮都が所在した奈良盆地東南部の磐余や飛鳥・藤原地域にとっては、鳥見山は大和から東方への出口または東方からの入口に位置する特別な意味を持つ山であったであろう。

『日本書紀』には、神武天皇が鳥見山の山中に神々を祀る霊畤《まつりのにわ》を設けたことが記される。この鳥見山については外山《とび》の地名から今回取り上げる桜井市の鳥見山とする説と宇陀市榛原の鳥見山とする説、両者を含む広域を指すとする説もある。また、天武天皇八（六七九）年には、泊瀬（長谷）への行幸に関連して迹見駅家《とみのうまや》のことが記されている。駅家であることから、鳥見山北麓の横大路沿いに所在したのであろう。この点からは交通の上でも要衝であったことがうかがえる。さらに、『万

鳥見山霊時顕彰碑

鳥見山山麓の等弥神社

葉集』には大伴《おおとも》氏の所領としての跡見庄《とみのたどころ》が記され、外山付近を古代の大豪族である大伴氏が支配していたことが知れる。

現在、鳥見山の西麓には等弥《とみ》神社が鎮座する。本来は山中に祀られていたとされ、神社に隣接して昭和十五（一九四〇）年に起元二千六百年奉祝会が建てた「鳥見山中霊時顕彰碑」がある。また北麓には宗像《むなかた》神社が鎮座し、母が宗形（宗像）氏出身ということから天武天皇皇子の高市皇子との関わりが推測されている。さらに谷をはさんだ西方の丘陵には石寸《いわれ》山口《やまぐち》神社があり、山の入口としての立地に由来すると想像される。

鳥見山山麓とその周辺には多くの古墳が築かれていることも重要である。北へ延びる尾根を利用した桜井茶臼山古墳（全長約二〇七メートル）は、大和を代表する古墳時代前期の大型前方後円墳である。鳥見山からはやや離れるが、南西に所在するメスリ山古墳（全長約二二四メートル）とともに奈良盆地東南部の前期古墳群の中でも三輪山麓の箸墓古墳や龍王山麓の行燈山古墳、渋谷向山古墳などとは別のグループを形成している。

また、後・終末期古墳でも特徴的なものが見られる。南麓では尾根ごとに古墳が点在し、中でも秋殿南古墳は一辺二六メートルほどの方墳で大型の石材を使用した横穴式石室を主体部とする。時期は飛鳥時代の七世紀前半である。さらに東側には舞谷古墳群五基がそれぞれ鳥見山から南に延びる尾根上に横並びに築かれている。墳丘は一辺一五メートル前後の（長）方形であり、いずれも磚積《せんづみ》式の横穴式石室が主体部である点が珍しい。時期は七世紀中頃である。西方の阿部丘陵周辺の後期古墳を含め、大伴氏や阿倍氏といった有力な豪族の周辺における居住を考え合わせて多様な古墳造営集団を背景に見ることができる。

以上のように古くからの祭祀伝承と有力な墓域であった点が鳥見山とその周辺の地域的特徴とすることができよう。

（大西貴夫）

秋殿南古墳

音羽三山《おとわさんざん》

音羽山《おとわやま》　標高851.4メートル
経ケ塚山《きょうがづかやま》　標高889メートル
熊ケ岳《くまがだけ》　標高904メートル

奈良盆地の東南、桜井市と宇陀市の境に連なる山々は「音羽三山」と呼ばれる。奈良盆地を取り囲む青垣山の中でも金剛・葛城山の次に標高が高い山系で、南北二キロの間に三つのピークが連続して屹立する。

寺川上流部の下居《おりい》の集落から少し上ると、中腹の標高五九〇メートル《メートル》には、テレビの「大和尼寺精進日記」で知られる音羽山観音寺がある。九十余社神社、八体龍王社、春日神社の三社も祀られ、護摩壇を備えた不動堂と滝行場もある。この山系ではかなり標高の高い地点にある寺院として注目されるが、創建事情は詳らかではない。境内にある葉の上に実をつける「お葉付き銀杏《いちょう》」は樹齢三百年以上の巨樹で、県指定天然記念物。寺の背後にある「音羽山万葉展望台」からは西側へ展望がひら

音羽三山遠景（橿原市南浦町から）

けるが、山頂は植林のためまったく視界が開けない。約六〇〇メートル北東方へ進めば、宇陀市大宇陀本郷、桜井市下り尾に通じる峠がある。

　経ヶ塚山は音羽山とは直線距離で五〇〇メートルしか離れていない。ここからも本郷へ下る道がある。山頂は平場となっており、花崗岩製の石幢《せきどう》が一基残されている。八面体の幢身は正面幅五〇センチ、高さ八〇センチが残存する。身の上部には胎蔵界四仏と観音、弥勒、普賢、文殊の種字を刻み、背面には龕《がん》が開けられている。身の上に一辺八〇センチの笠石をのせる。前面に一辺六五センチと一辺八九センチの台石と思われる方形の石がある。二段に重ねてさらにその上に幢身を立てたのであろうか。小さいほうの方形台石には年号らしきものが刻まれる。多武峰妙楽寺の艮《うしとら》の鬼門鎮護のために建立されたといわれている。室町時代初期の作で、龕の中に経巻を納入したとみられ、経ヶ塚山の山名の由来となっている。

経ヶ塚山頂の石幡

大峠の「女坂」標石（桜井市と宇陀市の境界）

　山頂からコルを経て上り返せば、音羽三山の最高峰である熊ヶ岳にいたる。山頂は狭く展望はきかない。ここから二つの小ピークを経て、標高七七〇㍍の大峠にいたる。峠には「女坂《めさか》傳稱地」の石碑と地蔵祠がある。石碑は昭和十五年十一月に紀元二千六百年を記念して奈良県奉祝会が建てたものである。『日本書紀』によるとヤソタケルという武力にすぐれた集団が、女坂に女軍、男坂には男軍を配して神武天皇が大和に入るのを阻止していたという。当時、大峠をこの女坂に充てたのである。

その当否は別として、この音羽三山は奈良盆地東南部と宇陀の境をなしている点が注目される。宇陀側には古代宇陀の中心であった阿騎野の地が広がっていた。七世紀代に阿騎野は王権の猟場であり、神仙境と意識されていた。中之庄遺跡、拾生《ひろお》歩石《あいべし》遺跡、本郷遺跡群などがあり、五世紀後半から六世紀前半の祭祀遺構、七世紀の掘立柱建物、石敷溝、苑池状遺構などがみつかっている。阿騎野の性格を考えるうえで重要な遺跡である。

もともとの峠道は、桜井市粟原から宇陀市笠間へ抜ける女寄峠越えのルート、同じく半阪へぬける小峠越え、桜井市下り尾から南東方向へ進み宇陀市本郷へ抜けるルート、そして桜井市八井内から大峠を越えて宇陀市宮奥へと抜けるルートなどがある。諸説あってどのルートが正しいかはわからない。大峠越えのルート沿いには古墳や古代寺院などの遺跡がなく、否定的な見解が多い。しかし、東へ抜ければ関戸峠にいたる点は重要である。宇陀川と津風呂川の分水嶺であり、宇陀と吉野を結ぶルート上にある。峠近くの関戸遺跡から七～八世紀の土器がまとまって出土し、官衙的な遺跡と推定されている。大峠から西側へ下れば、多武峰、細川谷をへて飛鳥の都に至る。

このように音羽三山を含む山塊は、王権の所在地と王権の聖地を分かつ隔壁となっていた。それだけに峠越えは重要な交通路であり、山稜部や沿線には豊かな歴史文化が埋もれているにちがいない。

（服部伊久男）

多武峰《とうのみね》（御破裂《おはれつ》山）

標高607.4メートル

多武峰一の鳥居と御破裂山

多武峰は、飛鳥の橘寺付近から東を見ると、昭和六十一（一九八六）年に再建された岡寺の三重塔が望まれる丘陵の背後に聳えている。さらにその背後には、かつての「国中《くんなか》」と「宇陀」、「奥」との境として、また、神武天皇東遷の物語の舞台でもある音羽三山の山々が迫る。

山の東を北流する寺川、南の細川谷を西流し、石舞台古墳付近で飛鳥川に合流する冬野川で限られる多武峰は、御破裂山を主峰とし、山系は北西方向へと下り飛鳥の盆地へ、北はメスリ山古墳の南に緩やかに弧を描く谷筋まで裾を広げる。そして、その北西端には多武峰山系の一部であった香久山が風化と浸食によって分断されてしまった姿をみせている。

古墳時代後期、多武峰には冬野川に向かって延びる複数の尾根筋に一七〇基以上の古墳が築かれた。山系の北西部を南北に分断し、その北半を東西に分断する狭い谷筋に向かって延びる尾根に九〇基、北裾付近の尾根筋にも八〇基を超える古墳が築かれ、裾野周辺に居を構えた各氏族の奥津《おくつ》城《き》となった。

　多武峰という名称を、古墳時代から呼んでいたかは定かではないが、飛鳥時代、斉明《さいめい》天皇が

多武峰（明日香村から）

飛鳥の岡本に宮（後飛鳥岡本宮）を造営した斉明二（六五六）年に「田身嶺《たむのみね》の頂に垣をめぐらし、また嶺の上の二本の槻の木のそばに観《たかどの》を建て、両槻宮《ふたつきのみや》と名づけ、また、天宮《あまつみや》ともいった。」と『日本書紀』に記されていて、「たむのみね」と呼ばれた。
　その三十七年後の持統七（六九三）年には持統《じとう》天皇が「多武峰」に行幸し、翌日、宮（飛鳥浄《きよ》御原宮《みはらのみや》）に戻られたと記す『日本書紀』では、田身嶺にかわって「多武峰」を使用した。同様に『万葉集』巻九所収の舎人《とねり》皇子に献《たてまつ》る歌二首の一七〇四歌でも「多武の山」と詠んだ。「多武峰」としての表記は、持統天皇の代に定着したといえよう。そしてこの行幸記事には、持統天皇が多武峰で一夜を過ごした場所を記していないものの、九年後の大宝二（七〇二）年三月十七日に文武《もんむ》天皇が「二槻離宮を修理させた」と記す『続日本紀』から両槻宮に宿泊したと想像される。
　多武峰の名を最も知らしめたのは、天下に異変がある時には鳴動するという御破裂山《おはれつやま》の南中腹に

今も鎮まっている談山《たんざん》神社であろう。談山神社は、藤原鎌足の長男定慧《じょうえ》が父の御墓《みはか》をここに改葬し、寺院を建立したことにはじまる。多武峰寺（妙楽寺）と呼ばれ、山田寺（桜井市）や久米寺（橿原市）など多くの寺院を末寺とし、中世には武力も有し、大和の有力土豪である筒井氏、越智氏、十市氏に影響力をもった。

多武峰談山神社

　明治時代の神仏分離により多武峰妙楽寺は談山神社となった。桜井市上之宮ある大鳥居（享保九（一七二四）年・県指定文化財）から摩尼輪《まにりん》塔まで続く五・五キロの多武峰街道には承応三（一六五四）年に一町（丁）ごとに建てられた五二基の板碑形町石が現存しており、俗界から仏界に至る五二の修行になぞらえている。

（竹田政敬）

高取山《たかとりやま》

標高　583.6メートル

高取山は奈良盆地の南端西方に聳え、東の宇陀や南の吉野と奈良盆地を画する竜門山塊から東西

高取山（明日香村から）

高取山（高取町役場から）

高取山（高取町観覚寺から）

に延びるいわゆる高取山脈とよばれる山々の主峰である。高取山の山頂からは、南は重畳たる吉野大峰の山々、北は奈良盆地を眼下に滋賀の比叡山、京都の愛宕山へと眺望が広がる。

高取山の東方には、芋峠（芋ヶ峠）がある。六七二年、大海人皇子《おおあまのみこ》（後の天武天皇）と大友皇子との間で争われた壬申の乱がおこる前年、天智《てんじ》天皇の許しを得て、大海人皇子が大津宮から飛鳥を経てこの峠を越え、吉野宮（宮滝遺跡）に身を移したことはあまりにも有名である。さらに、持統天皇も飛鳥浄御原宮《きよみはらのみや》、あるいは藤原宮から三二回、聖武天皇も平城宮から二回この芋峠に歩を進め吉野宮に行幸されている。

高取山の西方には、大宝元（七〇一）年、あるいは大宝三（七〇三）年に建立された西国三十三所観音霊場の第六番札所として名高い壺阪寺（正式名：壺阪山平等王院南法華寺）とその東に五百羅漢として知られる摩崖仏群の「奥の院」がみられる。

高取山は奈良盆地と吉野の境界となった山でありながら、多くの山の名が歌に登場する『万葉集』にはみられず、そのためどのように呼ばれていたかはわからない。

高取山の名は、江戸時代、元禄五（一六九二）年に書かれた『続南行雑録』に収められている「祐園記抄」のなかに永正八（一五一一）年に「タカトリ山ノ城」と記されている。カタカナ表記であるものの、その頃には高取山と呼ばれていたようである（『奈良県の地名』平凡社）。中世大和の南を支配していた越智氏の一族によって築かれた「高取城」は、織田信長の命令により一旦廃城となったが、その後あまり時を置かず、飛鳥に築かれた古墳の石室石材をも利用して山頂に天守を戴く総石垣造りの近世城郭に大規模改修された。改修された高取城は全国に築かれた山城のなかで最大規模を誇り、麓と城に最も比高がある全国最高所の山城として偉容を誇った。

本居宣長は、伊勢から吉野と飛鳥を旅した紀行文『菅笠日記』で、吉野から壺坂越えで清水谷に

高取城大手門跡

下り、高取城の城下町（上土佐・下土佐）から高取城を見上げて「高取山の麓にて　この町なかより山のうへなる城ちかく見あげらる。大かた此城はたかき山の峯なればいづかたよりもよく見ゆる所なりけり」と、その偉容に感嘆している。高取山頂に聳える高取城の偉容は、明治時代の中頃まで続いた。山頂に遺る天守の石垣がそのことを今に伝えている。

まさに「城跡の山」としての形容が相応しい山、それが高取山である。

（竹田政敬）

壺《つぼ》阪《さか》山《やま》

標高　442メートル

壺阪山（高取町観覚寺から）

壺阪山は、高取山西側に続く稜線のピークであり、西国三十三所第六番札所で、十一面千手観世音菩薩を本尊とする南法華寺（壺阪寺）が中腹に立地している。

南法華寺は大宝三（七〇三）年に弁基によって建立されたことが『南法華寺古老伝』に記されており、境内から出土する飛鳥寺と同笵の軒丸瓦や川原寺と同型式の方形三尊塼仏からもこの創建年代は支持される。現在は本堂である八角円堂や室町時代の礼堂、三重塔が伽藍を構成しており、礼堂の地下からは創建時の建物基壇が確認されていることから古代より伽藍に大きな変化はないものと思われる。寺地は標高三〇〇メートルほどで、藤原京朱雀大路の南延長上に立地しており、偶然とも思われない。京に関わる重要な寺であったことも推測される。飛鳥の平地寺院と深く関わる山林修行の場としての性格をもっていたことも考えられる。

壺阪寺からさらに山を登ったところに奥の院と

香高山五百羅漢

して「香高山五百羅漢」と称される石造物がある。山頂から数か所に散在して露岩に釈迦仏や地蔵菩薩、二十五菩薩、十王、五百羅漢など多くの仏像が彫り込まれており、像と梵字で表現した両界曼荼羅も見られる。江戸時代初期、慶長年間のものと考えられており、壺阪寺との関わりだけでなく高取城との関わりも推測されるがその制作の背景は明らかではない。

壺阪・高取山中には、さらにもう一つの古代寺院が存在したと推測されている。現在は山麓の町

壷阪寺

壺阪寺からの眺望

中に所在する子嶋寺であるが、観覚寺または子嶋山寺とも文献に記され山中の法華谷に所在する観音院付近が本来の所在地と推測されている。法華谷は『日本霊異記』に記される法器山寺に関わることも指摘されている。現在観音院は荒れ果てているが、弘長三（一二六二）年銘をもつ宝篋印塔が残されている。古代に遡る出土遺物などは知られておらず、遺跡の実態は明らかではない。

寛弘四（一〇〇七）年に藤原道長は金峯山（大峯山）参詣を行っている。その行程は『御堂関白記』に詳しい。この中で道長は軽寺（橿原市）から壺阪寺、観覚寺（子嶋寺）に立ち寄り、次に現光寺（比蘇寺、大淀町）に向かっている。行程からは先に壺阪寺、次に一度山を下りて観覚寺に立ち寄り、再度山を登って壺阪山西側の壺阪峠を越えたことになり不自然ではあるが、何らかの都合があったと考えざるをえない。これらの寺は、この時期に関白道長が立ち寄るような由緒ある寺であったことは指摘できよう。また、壺阪山は古代より現在に至るまで一貫して霊地であったことがうかがえる。

（大西貴夫）

耳成山（藤原宮跡から）

耳成山《みみなしやま》

標高 139.3メートル

耳成山は畝傍山と同じく瀬戸内火山帯に属し、浸食されて残った「火山残丘」とされる。「耳梨山」とも記され、「青菅《あおすが》山」、「梔子《くちなし》山」あるいは「天神山」とも呼ばれた。

香久山、畝傍山と合わせて「大和三山」と呼ばれて親しまれ、平成十七（二〇〇五）年には国の名勝に指定された。大和三山のうち、最も北に位置し、三山の中では最も低い山ではあるが、山名の「耳成」は尾根筋が張り出さない、出っ張りがない、すなわち耳が無いことに由来するとされ、均整のとれた円錐形の美しい山容を持つ。周囲には他の山丘が存在せず、市街地の中にくっきりと浮び上がるその美しい姿は古来変わらず、允恭天皇の葬儀に参列するために来日した新羅《しらぎ》の使節が畝傍山と耳成山を愛で、帰国の途次、畝傍山を「うねめはや」、耳成山を「みみはや」と惜別の心情を吐露して去ったと『日本書紀』は伝えている。

さらに山容に対する形容は一層荘厳を帯び、『万葉集』の藤原宮《ふじわらのみや》の御井《みい》の歌（巻一—五二）では、

耳成の　青菅山は　背面《そとも》の　大き御門に　宜しなへ　神さび立てり

と藤原宮の北側に聳える耳成山を「神々しく」と賞嘆されるまでになった。そのことは歌中で耳成山を「青菅山」と呼ぶことでも明らかである。菅《すが》は植物のスゲ、耳成山には菅《すげ》が多く自生し、よく人の眼についたことでこの名で呼ばれたとみられるが、その一方で菅には「すがすがしい」と清浄の意味を表すことから、むしろ均整のとれた姿に「すがすがしさ」を重ねたのであろう。万葉の時代、藤原京に住む都人にとって耳成山は大和三山のなかで最も神々しい山と観念されたのである。神々しい山の観念は、その後、次第に薄れ、平安時代には梔子山とも呼ばれるようになった。耳成山に多く自生していた梔子から生まれたのであろう。『古今和歌集』には

耳成の　山のくちなし　得てしがな　思ひの色の　下染にせむ

の歌を収める。この歌は恋の歌であるが、歌の下の句を「下染にせむ」で結ぶのは歌人の恋の成就を染色材料として使用していた梔子の染色力に仮託したと読み取れる。それほどに耳成山の梔子は知られていた。神々しい山の形容は背後に押しやられ、人々にとって身近な山へと交替してゆく様子がうかがえる。江戸時代の享保十九（一七三四）年に完成した『大和志』には耳成山を「四面の田野にして孤峯森然として山中に梔樹おおくよってまた、梔子山と呼ぶ」と記していて、梔子山の名も末永く続いた。

しかしなお、耳成山の神々しさは脈々と息づいてる。天平二（七三〇）年の『大倭国正税帳』（『東大寺正倉院文書』）には「耳成山口神戸の租稲五三束三把を定め、そのうち四束を祭祀料にあてる」と記され、耳成山には神が居まし、奉幣がなされ

た。

耳成山（橿原市醍醐町から）

耳成山の神は貞観元（八五九）年に従五位下から正五位下へと神階が昇進した。そして、『延喜式』祝詞には、皇御孫《すめみま》の御舎《みあらか》（宮殿）造営の用材を供する山の皇神《すめかみ》として飛鳥・石村《いわれ》・忍坂・長谷・畝火とともに「耳無《みみなし》」があげられ、同神名帳では大社に列せられた。天神山の山名の起こりとなった耳無天神（天神社）が山頂より少し下ったところにあり、この耳成山口神社に比定される。明治四十一（一九〇八）年の陸軍大演習では眺望良い山頂が明治天皇の演習統監地となり、山腹を螺旋状に山頂に登る道もこの時に敷設された。

　耳成山は、今なお神が居まし、人々が身近に感じる山として親しまれている。そして、梔子山と呼ばれた耳成山に因み、橿原市は市の花を「くちなし」としている。

（竹田政敬）

香《か》久《ぐ》山《やま》（香具山）

標高　152メートル

香久山（藤原宮跡から）

香久山は、談山《たんざん》神社が鎮まる多武峰《とうのみね》から西方に延びる尾根が風化と浸食を繰り返すことで山容が形成されもので、耳成山、畝傍山とはやや地形の成り立ちが異なる。「香具山」、「香山」、「香来山」、「芳山」、「芳来山」とも書かれる。畝傍山、耳成山とともに「大和三山」として親しまれ、平成十七年に国の名勝に指定されている。持統天皇の

春過ぎて　夏来るらし　白たへの　衣乾したり
天《あめ》の香具山（『万葉集』巻一―二八）

は藤原宮からみた香久山を詠ったものである。『古事記』や『日本書紀』では香久山の前に「天《あま》」の美称がつけられている。「天」をつけるのは、『釈日本紀』巻七に収められた「伊予国風土記逸文」に「伊与の郡。郡家よりもって東北に天山（愛媛県松山市）あり。天山《あまやま》と名づくる由は、倭《やまと》に天《あまの》加具山《かぐやま》あり。天より天降りし時、二つに分かれて片端《かたのは》は倭国《やまとのくに》に天降り、片端はこの土（伊予）に天

降りき。よりて天山という、本なり」と、天から地上に降った由来による。香久山は天から降った山であり、神聖な山と観念されていた。

それゆえに香久山には多くの神社が集まる。頂上には、この世界に天と地ができた時に最初に現れた神、国常立尊《くにのとこたてのみこと》を祀る国常立神社が鎮まる。南麓には天照大神《あまてらすおおみかみ》が岩戸隠れをした巨岩の伝承をもつ天岩戸《あまのいわと》神社、北西麓には天照大神の父神である伊奘諾尊《いざなぎのみこと》が軻遇突智《かぐつち》を生む際に火傷を負って亡くなった伊奘冉尊《いざなみのみこと》を悲しんで涙を流し、その涙から生まれた神啼沢女命《なきさわめのみこと》を祀る畝尾都多本《うねおつたのもと》神社、そして、健土安比売命《たけはにやすひめのみこと》と藤原氏の祖神である天児《あめのこ》屋根命《やねのみこと》を祀る畝尾坐健土安《うねおにいますたけはにやす》神社が鎮まっている。さらに北麓には、はじめに天香山大麻等野知神《あめのかぐやまおおまとのちのかみ》、天香山坐櫛真命《あめのかぐやまにいますくしまちのみこと》を祀る天香山神社も鎮まっている。

香久山の神聖性は、香久山の土にもみられる。『日本書紀』神武紀には天香山《あまのかぐやま》の埴土《はにつち》で八十平瓮《やそひらか》を作り、天神地祇を祀り、崇神天皇の時代におい

香久山（甘樫丘から）

て謀反を起そうとした武埴安彦《たけはにやすひこ》の妻、吾田媛《あたひめ》がひそかに香山の土を採り、その土を「倭《やまと》の物実《ものしろ》」と呼んだ。

古代の香久山は倭国《やまとのくに》、王権の治める国土を象徴する山であった。

飛鳥に宮が置かれた飛鳥時代、舒明天皇が香久山に登って、国見をした時に詠まれた歌

大和には　群山《むらやま》あれど　とりよろふ　天の香具
山　登り立ち　国見をすれば　国原は　煙《けぶり》立ち
立つ　海原《うなはら》は　鷗《かもめ》立ち立つ　うまし国そ　蜻蛉《あきづ》
島《しま》　大和国は（『万葉集』巻一―二）

で鮮明である。この歌中の「とりよろふ」は国文学の古橋信孝氏や国語学の吉田金彦氏によれば「神が寄り付く」ということで、神々が多くの山から香久山を選んで天降りしたことを明らかにしている。このように、香久山は神聖視された山であった。

その後、香久山は時代を重ねることで、神聖な山から里山として親しまれるようになり、江戸時代には、香久山を訪れた本居宣長はその紀行文『菅笠日記』に山頂に登ると、里人が酒を酌み交わし、また、わらび摘みをする娘の姿を記している。その情景は現代に通じる香久山の姿でもある。ここでは「国見」が春の行楽へと変化した様子をうかがうことができる。

（竹田政敬）

畝傍山（甘樫丘から）

畝傍山《うねびやま》

標高　198.5メートル

大和三山の最も西に位置する畝傍山は耳成山と同じく、浸食されて残った「火山残丘」とされる。畝傍山の「うねび」は「畝火、畝樋、雲飛、雲根火、畦樋」とも記され、江戸時代には、周辺の里人からは「慈明寺山」、「御峯山」と呼ばれた。

中大兄皇子《なかのおおえのみこ》（後の天智《てんじ》天皇）の

香具山は　畝火雄々しと　耳梨と　相あらそう
ひき　神代より　斯《か》くにあるらし　古昔《いにしえ》も　然《しか》
にあれこそ　うつせみも　嬬《つま》を　あらそふらし
き（『万葉集』巻一―十三）

という三山の歌はあまりにも有名である。

この歌では畝傍山は「畝火雄々し」と詠まれ、大和三山のなかでは最も高く、裾野も広い。山容は豊かで、「畝」の字が示すように畝のような尾根が多い。東方向・西方向から眺めると優美な円錐形に、南方向・北方向から望むと、台形の表情をみせる。東から西へと延びる容姿はまさに「雄々し」という表現そのものである。

香久山は東から、耳成山は北東から、この優美な姿を眺めていたのである。だからこそ畝傍山を愛で、香久山と耳成山が競ったという伝承が古くから伝わり、中大兄皇子の歌に登場した。

畝傍山は神が依りつく山で、山頂には畝火山口神社（畝火明神・峯山明神）が鎮まっていた。昭和十五（一九四〇）年の紀元二千六百年を記念して西麓の現在地に遷座した。文安三（一四四六）年の『和州　十市、高市、宇智、吉野、宇多神社神名帳大略解』には「畝火山西の山尾にあり」と記されているので、創建当初は畝傍山の山腹にあったとみられる。山頂に社を描く天正三（一五七五）年の畝傍山古図（大谷家所蔵）には山頂に社を描いており、山頂に社が移されたのは、文安三（一四四四）年から天正年間（一五七三～一五九二）頃とみられる。畝火山口神社は中腹から山頂、そして麓へと移座を重ねた。

畝火山口神社の祭神は、当初は大山祇命《おおやまつみのみこと》を祀っていたとみられるが、ある時に気長足姫命《おきながたらしひめのみこと》（神功皇后）、豊受比売命《とようけひめのみこと》、表筒男命《うわつつのおのみこと》の三神に交替したようである。なかでも摂津住吉大社の表筒男命が祭神となったことで、住吉大社による毎年二月と

畝傍山（橿原市山本町から）

十一月の畝傍山頂の土を採る「埴土《はにつち》神事」が始まったとみられる。この神事は現在も執り行われている。住吉大社より遣わされた「埴土使」は畝傍山の西方、雲梯《うなて》町に鎮座する河俣神社で装束を改めたため、河俣神社は「装束の宮」とも呼ばれていた。

橿原神宮と畝傍山

『古事記』、『日本書紀』は日向から大和に入った神武天皇が「夫《そ》の畝傍山の東南の橿原の地は蓋《けだ》し国の墺区《もなかのくしら》か治《みやこつく》るべし」としたとする。明治二十一（一八八八）年に畝傍山東南麓が宮跡と決定され、明治二十三年に完成したのが、橿原神宮で、昭和十三（一九三八）年から十五年にかけて、皇紀二千六百年記念事業として神域整備拡張が行われ、東麓で縄文時代晩期を中心とした橿原遺跡がこの時に発見されている。

（竹田政敬）

雷《いかづちの》丘《おか》

標高　111メートル

雷丘（南から）

雷丘は、甘樫丘《あまかしのおか》と飛鳥川をはさんだ対岸に位置し、南に隣接する雷の集落よりわずか一〇メートル余り高く、東から西に窄まる平面形をなす小丘である。丘の上部中央には南北に窪みがみられ、その東半には方形状の平坦面が広がっている。

『万葉集』には、雷丘に関わる歌四首が収められている。巻三に収められている雑歌（巻三―二三五）の

大君は　神にし座せば　天雲の　雷の上に　庵らせるかも

の題詞には、「天皇、雷岳に御遊《いでま》しし時、柿本朝臣人麿の作る歌一首」と記され、「雷丘」の名がみえる。その一方で朱鳥《あかみどり》元（六八六）年、天武天皇が崩御した時に皇后（後の持統天皇）が詠まれた一歌（巻二―一五九）では「神丘《かむをか》」と呼ばれた。神丘の名は、この他にも奈良時代の歌人山部赤人の詠んだ歌（巻三―三二四）、そして巻九の雑歌（巻

九―一六七六）にも登場する。飛鳥・奈良時代では雷丘は「神丘」と観念されていたようである。

神丘と呼ばれていた雷丘は、元の名は「飯岡《いいおか》」であった。飯岡と呼ばれていた丘が、雷が落ちた縁により「雷丘」と名を改められた。雷は「雷神」であり、『万葉集』は雷丘を「神丘」と尊称して詠んだのであろう。平安時代の初め頃、薬師寺の僧景戒《きょうかい》によって書かれた説話集『日本霊異記（日本国現報善悪霊異記）』で、雷岡（雷丘）の由来を記したのが「雷《いかづち》を捉《とら》ふる縁《えに》第一」である。この説話では、雄略《ゆうりゃく》天皇から雷を捕えるようにいわれた少子部栖軽《ちいさこべのすがる》が馬に乗り阿倍山田道《あべのやまだのみち》を疾走して雷を追いかけ、豊浦寺《とゆらでら》と飯岡の間に落ちた雷を捕えた。雷をご覧になった雄略天皇は幣帛《へいはく》を進め、雷神《なるかみ》を落ちたところへ戻すようにいわれ、雷が落ちたところを今は「雷の岡」と呼ぶようになったことを伝えている。

中世には雷丘に山城《やまじろ》が築かれ、平成十七（二〇〇五）年に奈良文化財研究所が発掘調査を実施し、頂部東半に主郭、西半に副郭をもち、中央の南北の窪みが両郭を分ける空堀で、さらに主廓東斜面にも空堀を掘削しており、雷丘が山城に改変されたことが明らかにされ、「雷城跡」と呼ばれている。

また、発掘調査では、丘の頂西端付近に古墳時代から飛鳥時代の小さな横穴式石室と小型の石室が築かれたいたことも明らかにしている。雷丘は、一時期埋葬地としても利用されていたことがわかる。時代とともに様々な姿をみせる丘が、雷丘である。

（竹田政敬）

雷丘（東から）

甘樫丘《あまかしのおか》・大野岡《おおののおか》

標高147.7メートル

甘樫丘（北から）

入鹿の首塚と甘樫丘

甘樫丘は、飛鳥川が飛鳥寺の北西で大きく西に向きを変える左岸に位置し、西に支脈状に尾根筋を延ばし、丘陵は五条野丸山古墳まで及び、奈良盆地の南縁を限る。『日本書紀』では「味橿丘」、「甘檮岡」と記す。

甘樫丘は、『日本書紀』允恭《いんぎょう》天皇紀に人々が名乗る氏名の真偽を裁定するため熱湯を入れた釜に手をつける盟神探湯《くがたち》を行った場所「味橿丘《うまかしのおか》」であったが、その名が脚光を浴びるのは飛鳥時代、蘇我氏が甘樫丘をその支配下に収めてからである。

蘇我氏を外戚にもつ敏達《びだつ》天皇の皇后、額田部《ぬかたべの》皇女《ひめみこ》（豊御食炊屋比売命《とよみけかしぎやひめのみこと》）は甘樫丘の北裾、豊浦宮《とゆらのみや》で即位し、推古《すいこ》天皇となり、小墾田宮《おはりだのみや》に遷られた後には、豊浦宮跡地に豊浦寺が建てられた。甘樫丘の南麓には、皇極天皇三（六四四）年に蘇我蝦夷《そがのえみし》・入鹿《いるか》親子が「甘檮岡」の居館を構え、「上の宮門《みかど》」、「谷《はざま》の宮門《みかど》」と呼ばれたという。甘樫丘の東南麓の平坦面がみられる谷を奈良文化財研究所が発掘調査を行い、七世紀の邸宅とみられる石垣や掘立柱建物、石敷等を確認している。「甘樫丘東麓遺跡」と呼ばれ、蘇我氏の邸宅であった可能性が考えられている。

その西方、現在の明日香養護学校の地には舒明《じょめい》天皇を最初に埋葬した古墳、あるいは蘇我蝦夷を埋葬した古墳（大陵）ともみられている七世紀中頃の小山田《こやまだ》古墳が築かれ、谷を挟んだ西隣にも優美な家形石棺を納める菖蒲池《しょうぶいけ》古墳が存在する。

大野岡は甘樫丘の一部を指していたようで、大野岡も蘇我氏の支配下にあった。敏達天皇十四（五八五）年に「蘇我馬子が大野丘の北に塔を建てた」と『日本書紀』は記す。この塔は以前、橿原市和田町に見られる土壇と考えられていたが、発掘調査により土壇は七世紀後半の塔跡で、先の記事とは関連しないことが明らかにされている。大野岡の北に建てられた塔は、この土壇よりさらに西に建てられたのではないだろうか。

推古天皇の初葬陵も大野岡に築かれた。正確に言えば、推古天皇の皇子・竹田皇子《たけだのみこ》の陵に一緒に葬られた。『日本書紀』には、推古天皇は「竹田皇子の陵に葬るように」と遺言し、「竹田陵に葬った」と記されている。『古事記』には「御陵は大野の岡の上から科長《しなが》の陵に遷した」とあり、その所在こそが大野岡であり、その御陵が植山古墳だといえる。植山古墳が築かれた尾根は、甘樫丘から支脈状に西に延びる尾根の一つであり、連続している。

飛鳥時代の人々が、甘樫丘と大野岡の境を何処に置いていたかは今となっては分からないが、そ

甘樫丘と大野岡（西から）。背後は多武峰

の境界の手がかりを示してくれる史料が江戸時代の『陵墓志』（寛政九（一七九九）年）である。著者の竹口英斎（本名　津久井《つくい》尚重《なおしげ》）は大和国芝村（桜井市芝）藩士で、「大野岡《おおののおか》 上《のうえの》荒陵《あらはか》」を推古天皇陵とする。「大野岡は、和田村（橿原市和田町）の北東に所在する大野丘の北塔の礎石から和田村の南にあって、その和田村の東南から西に五町（五四五メートル）に推古天皇陵がある。そして、和田村の東南を起点に東を甘樫丘、西三町（三二七メートル）までを大野岡とみなす」と記している。これは竹口英斎の見解であり、一つの考え方である。いずれにしても甘樫丘の西に大野岡があり、それは一つの丘陵の東と西を別の丘（岡）とみていたと言える。

甘樫丘は現在、国営飛鳥歴史公園甘樫丘地区として整備され、甘樫丘展望台には足下の明日香、奈良盆地、そして大和青垣の山々の望見に訪れる多くの人々で賑わっている。

（竹田政敬）

貝吹山《かいぶきやま》

標高　209.9メートル

畝傍山の南、東西に延びる丘陵の中央よりやや東側、天に向かって突き出た円錐状の山が貝吹山

貝吹山（橿原市白橿２丁目から）

である。貝吹山がある丘陵は東の高取川、西の曽我川で限られた東西約三キロ、西端の北側にある一見独立した姿をみせる新沢千塚古墳群が築かれた丘陵まで達している。

古墳時代、貝吹山は一大葬送の地であった。貝吹山から派生するほぼすべての尾根稜線上とその付近には古墳が築かれ、七五〇基前後を数える。

『日本書紀』天智天皇四（六六五）年には、斉明《さいめい》天皇とその娘である間人皇女《はしひとのひめみこ》を合葬した陵は「小市岡上陵《おちのおかのうえのみささぎ》」と記される。貝吹山は飛鳥時代、「越智丘《おちのおか》」と呼ばれ、貝吹山丘陵の南側に築かれた八角形墳、牽牛子《けんごし》（あさがお）塚《づか》古墳は時期的にも斉明天皇陵である可能性は極めて高い。

貝吹山をはじめその周辺は、石材の産出地でもある。ここで採石された石材は、牽牛子古墳の西方に位置する真弓鑵子塚《まゆみかんすづか》古墳や越智丘の東方、甘樫丘の西端近くに築かれた五条野丸山古墳、植山古墳の横穴式石室の一部に使用されている。なかでも、古墳の埋葬施設として製造を開始したもの

益田岩船

の亀裂が生じ、途中で製造を断念し、その場に放置された数百トンの重さが推定される未完成の横口式石槨・益田岩船《ますだのいわふね》（奈良県指定文化財）が、貝吹山が石材産出地であったことを雄弁に語っている。貝吹山では、明治時代にも延石を製造していたことが知られ、益田岩船の西隣に矢穴がのこる垂直の岩壁が採石地とみられる。

貝吹山は、古代には斉明天皇の陵名にみられる小市岡（越智丘）、『万葉集』には「越智の大野」（巻一—一九四）や「越野」（巻一—一九五）と詠まれていて、山としての意識は薄い。

越智丘を山とみなすのは後のことと言えよう。山としての明確な認識は、中世、この地に勢力を誇った越智氏が貝吹山城を築いたことに関わる。『多聞院日記』の天文十五（一五四六）年に見える「貝吹ノ城」は、貝吹山の山頂を中心にその主稜線に

山頂の貝吹山城跡

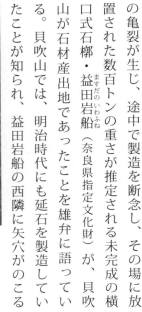

牽牛子塚古墳遠望、背後が貝吹山

郭《くるわ》を造成した山城で、貝吹という名については『奈良縣高市郡志料』（高市郡役所・名著出版覆刻版）が「敵兵来るあらば、螺（法螺）を鳴らしてこれを本拠（越智館）に報し、直ちに応戦の備えをなせり。これ即ち貝吹の名を得たる所以なり」とするように、貝吹山の山名は城の名から生まれたようだ。

橿原市鳥屋町、南妙法寺町、高取町与楽、寺崎から登山道があり、山頂から四方の展望もあって、城が築かれた理由もわかる。貝吹山は、葬送の丘、採石の丘、そして山城と、人々と深く関わりをもつ山である。

（竹田政敬）

真弓丘《まゆみのおか》

標高　202.6メートル

貝吹山丘陵の南、東西に延びる谷を隔ててある丘陵が、真弓丘である
聖武天皇が神亀元（七二四）年十月五日、紀伊国（和歌山県）に行幸された時につき従った笠朝《かさのあ》臣《そん》金村《かなむら》が詠んだ

大君の　行幸《みゆき》のまにま　物部《もののふ》の　八十伴《やそとも》の雄《を》と
出で行きし　愛《うつく》し夫《つま》は　天飛ぶや　軽の路《みち》より
玉襷《たまだすき》　畝火を見つつ　麻裳《あさも》よし　紀路《きじ》に入り立
ち…（『万葉集』巻四―五四三）

という歌から、奈良盆地の南端に東西に延びる阿倍山田道と盆地を南北に縦断する下《しも》ツ道が交差する「軽《かる》の衢《ちまた》」から、紀伊国へ通じる紀路が真弓丘の東を画する。また、丘陵の西側は一見すると、曽我川によって画されているようにみえるが、中

紀路から見た真弓丘と佐田への道

央やや東側には丘陵を東西に分断するように高取町与楽の南北に細い谷が入り込んでいて、この谷を真弓丘の西限とみなして、真弓丘は明日香村真弓、高取町佐田・森に広がる東部の丘陵とみてよさそうである。

真弓丘は、草壁皇子《くさかべのみこ》の薨去に際し、万葉歌に登場する。草壁皇子は天武天皇と皇后の鸕野讚良《うののささら》皇女《ひめみこ》（後の持統天皇）の皇子で皇位につくことなく、持統天皇三（六八九）年に二七歳で早世した。柿本人麻呂が

眞弓の岡に　宮柱　太敷き座《いま》し　御殿《みあらか》を　高知りまして（巻二―一六八）

と詠んだ挽歌から、草壁皇子の殯宮《もがりのみや》は「真弓の岡」に営まれたことがわかる。『万葉集』巻二には、皇子尊《みこのみこと》の宮の舎人《とねり》ら慟《かな》しび傷《いた》みて作る歌廿三首に

よそに見し　檀《まゆみ》の岡も　君ませば　常《とこ》つ御門《みかど》と侍宿《とのゐ》するかも（巻二―一七四）

と、草壁皇子が眠る地を「檀の岡」と詠んでいる。

真弓丘遠望（高松塚古墳から）

さらに『延喜式』諸陵寮（巻第二十一）には草壁皇子を岡宮御宇天皇《おかのみやにあめのしたしろしめしすめらみこと》として、陵は「真弓《まゆみの》丘陵《おかのみささぎ》」と記す。

現在、宮内庁が治定《じじょう》する「真弓丘陵」は、丘陵東側の中央、高取町森に位置する。一方、その北側三〇〇メートルにある高取町佐田の春日神社境内には

東明神古墳

東明神古墳《つかみょうじん》が存在する。発掘調査が行われ、埋葬施設が凝灰岩《ぎょうかいがん》切石積みの精巧な横口式石槨《よこぐちしきせっかく》をもつことが明らかになり、古墳が築かれた七世紀末頃という年代や伝承からも、草壁皇子の墓の可能性が高いと考えられるようになった。草壁皇子の墓は宮内庁が治定する「真弓丘陵」、「東明神古墳」

東明神古墳の復元石室内部

のいずれも所在地は真弓丘である。

また、先の万葉歌廿三首には、

橘の　島の宮には　飽かねかも　佐田《さた》の岡邊に
侍宿しに行く（巻二―一七九）

と詠まれた歌も含まれていて、草壁皇子墓のある地を「佐田の岡」、あるいは「佐太の岡」（巻二―一七七）とも呼んでいる。真弓丘は広域を示し、「佐田（佐太）の岡」はより限定された範囲、もしくは真弓丘に佐田（佐太）の岡が連なっていたのであろう。いずれにしても真弓丘の中に「佐田（佐太）の岡」は含まれる。

奈良時代、『続日本紀』の天平神護元（七六五）年十月十三日には、称徳《しょうとく》天皇が紀路を通って紀伊国に行幸された。その途次、檀山陵《まゆみのみささぎ》を過ぐるときに、百官に詔《みことのり》して、下馬せしめて、儀衛に旗幟《はた》を巻かしめたという記事がある。草壁皇子は称徳天皇の曽祖父であり、その陵前を通る時に下馬敬礼させたのであるが、「檀《まゆみ》」は墓の所在する丘陵を示すもので、当時もこの丘を真弓丘と認識していたことがわかる。

中世には真弓丘も越智氏の本拠の一画で、束明神古墳の西側、貝吹山城と相対する丘陵の頂部には単郭の佐田城が築かれ、高取国際高校の北西にはその出城とみられる城の口城が築かれている。

（竹田政敬）

国見山《くにみやま》
玉手丘《たまてのおか》
本馬丘《ほんまのおか》

標高　229.2メートル
標高　155メートル
標高　142.8メートル

「国見」という名をもつ山は奈良県内にいくつか存在する。奈良市や天理市の国見山については本書の中で紹介しているが、ここでは御所市の国見山を取り上げる。御所市の平地部は三方を山に囲まれており、西に位置するのが葛城山、南が巨勢《こせ》山であり、東側に北から本馬丘、玉手丘（山）、国見山が南北に並ぶ。

『日本書紀』には、神武天皇が腋上《わきがみ》の「嗛間丘《ほほまのおか》」に登って、国見を行い、山々が蜻蛉《あきづ》（トンボ）が交尾している姿のように連なっていることから、この国を「秋津洲《あきづしま》」と名付けたと記される。この嗛間丘は現在の国見山と考えられており、山頂には石碑が建てられている。また、地名から北方の本馬丘も嗛間丘の候補とされ、南麓には神武天皇社や嗛間神社が所在し、柏原《かしはら》の地名から神武天皇の橿原宮との関わりも推測されている。

本馬丘（北から）

国見山の周囲には、他にも『日本書紀』に記される伝承地が数多い。玉手丘の山麓西方は第五代の孝昭天皇掖上《わきがみ》池心《いけこころ》宮の伝承地であり、御所実業高校正門南にその石標がある。その東には第六代の孝安天皇の玉手丘上陵《たまてのおかのえのみささぎ》が所在する。やや西に離れるが、孝昭天皇の掖上博多山上陵《わきがみのはかたのやまのかみのみささぎ》は鴨都波《かもつわ》神社の西方丘陵上にあり、孝安天皇の室秋《むろあき》津嶋宮《つしまのみや》の伝承地は巨勢山北麓の宮山古墳周辺とされ、八幡神社に石標が建てられている。また、琴弾原《ことひきはら》に営まれた日本武尊《やまとたけるのみこと》の白鳥陵も国見山西麓に所在する。このような様々な伝承地が集中することは、何らかの歴史的事実を反映していること、そしてこの地域こそが古代の葛城の中心であった可能性も推測させる。

　近年に行われた京奈和自動車道の建設にともなう発掘調査では、国見山西方の平地に所在する秋津遺跡・中西遺跡において弥生時代前期の広範囲に広がる水田や、古墳時代前期の複数の大型の方形区画施設と独立棟持柱をもつ掘立柱建物などが確認されている。後者については、豪族居館や祭祀空間としての性格が指摘されている。これらの事実は、この地域が奈良盆地の中でも古くから開発が進み、主要な集落が存在したことを示すものと言える。

国見山（北西から）

ただし、周辺では古墳時代前期の大型前方後円墳は見られず、日本武尊の三つの白鳥陵も伊勢の能褒野《のぼの》陵と河内の白鳥陵は前方後円墳であるが、当地域の陵は古墳ではない。しかし、中期になる

掖上鑵子塚古墳

と突然のように宮山古墳（全長二三八メートル）が築かれ、さらに国見山北側には宮山古墳に次ぐ掖上鑵子塚《わきがみかんすづか》古墳（全長一五〇メートル）が築かれる。掖上鑵子塚古墳は、玉手丘と国見山の鞍部である須坂峠に近く、葛城地域の東方からの入り口として重要な場所に立地すると推測される。また、古墳時代後期には小規模な古墳が国見山山麓にも多く築かれており、西側の巨勢山と同じ状況を呈している。

　国見山は頂上から周囲を眺める山であるとともに、古くより山麓に住む多くの人々が見上げる山でもあったのであろう。

（大西貴夫）

巨勢山《こせやま》

標高 295.8メートル

巨勢山（御所市樋野から）

巨勢山は、奈良盆地を囲む山々の中で南西に位置し、東は曽我川、西は葛城川にはさまれた東西三キロほどの丘陵である。南は吉野川に向かってなだらかに下っている。巨勢山はその範囲のとらえ方によって異なるが、今回は御所市古瀬北方の標高二九五・八メートルの三角点付近を狭義の最高所と考えておく。北東方向から見るとこの山頂付近は、お椀を伏せたような形に見える。様々な方向から望むことのできる巨勢山は、大きく見ると、二つの姿をもつといえるのではないだろうか。

一つ目は、葛城川に面する西側から北側の尾根上に巨勢山古墳群という約八〇〇基を数える国内でも屈指の大群集墳が営まれている姿である。その造営は、五世紀前半の大型前方後円墳である宮山古墳を始まりとして六世紀に最盛期を迎え、七世紀中頃まで続いた。ほとんどは直径一〇メートル前後の円墳や方墳で主体部は木棺直葬や横穴式石室である。被葬者については、宮山古墳との繋がりから古代豪族葛城氏に関わることも考えられているが、いずれにしても周辺に居住した人々の墓域となっていたのである。

次に、曽我川沿いの細い谷に面する範囲においては、新宮山古墳や水泥古墳など六世紀後半の大型横穴式石室をもつ古墳も存在するが、全体的に古墳の分布は少ない。前者と異なるのは、この地域には古代において寺院や神社が所在し、奈良盆地と瀬戸内、韓半島との交流拠点であった紀伊とを結ぶ主要交通路であった「紀路（巨勢路）」が通じているという姿である。七世紀後半の紀伊国への行幸ルートでもあり、万葉集にも詠われる。紀路に面しては、古代寺院である巨勢《こせ》寺が営まれている。巨勢寺は七世紀前半には創建されており、後半には東向きの法隆寺式伽藍が整備されたと考えられる。現在も舎利孔や同心円状の溝などの精巧な加工をもつ塔心礎が残されており、周辺の寺院にも礎石が転用されている。出土瓦の文様も藤原宮や本薬師寺に引けを取らない優美なものであり、この寺院の格の高さを物語っていると言える。

巨勢寺塔跡

造営氏族としては巨勢氏が考えられ、七世紀中頃の孝徳朝には巨勢徳太が左大臣を務めているように寺院造営の背景に存在した勢力の大きさを端的に示している。また、飛鳥の南側の出入り口にあたるという立地から、旅舎など公的な性格も持っていた可能性も考えられるのではなかろうか。

巨勢側の中腹には、大和国内の山口神社十四社の一つである巨勢山口神社が祀られている。巨勢寺もその山麓に立地し、この周辺が巨勢地域の中心であったといえよう。巨勢山周辺の神社としては、朝町の谷をはさんだ南側、京奈和道路の「かもきみトンネル」が通る唐笠山《とがさやま》の中腹に立地する大穴持《おおなもち》神社も古い祭祀を伝えている。本殿はなく、神樹を御神体としており、山頂の大規模な露

巨勢寺の塔心礎

岩は磐座とされている。唐笠山の標高は三二二《メートル》あり、巨勢山よりも高い。

このように巨勢山周辺は古墳・寺院・神社といった様々な歴史遺産が凝縮された特徴的な地域といえる。

（大西貴夫）

唐笠山の磐座

弁天山《べんてんやま》・桙立峰《ほこたてみね》・阿田峰《あだみね》

標高　240～330メートル

竜門山地西部の山々（高取町森から）

奈良盆地の南を限るのは、竜門山地や巨勢山とその周辺の丘陵である。高取山や巨勢山が主なピークだが、それら以外にも、歴史がある山々が存在するため、ここに紹介したい。

高取町南西に位置する弁天山（標高約三三〇メートル）には山頂近くに船倉弁天神社が祀られている。山

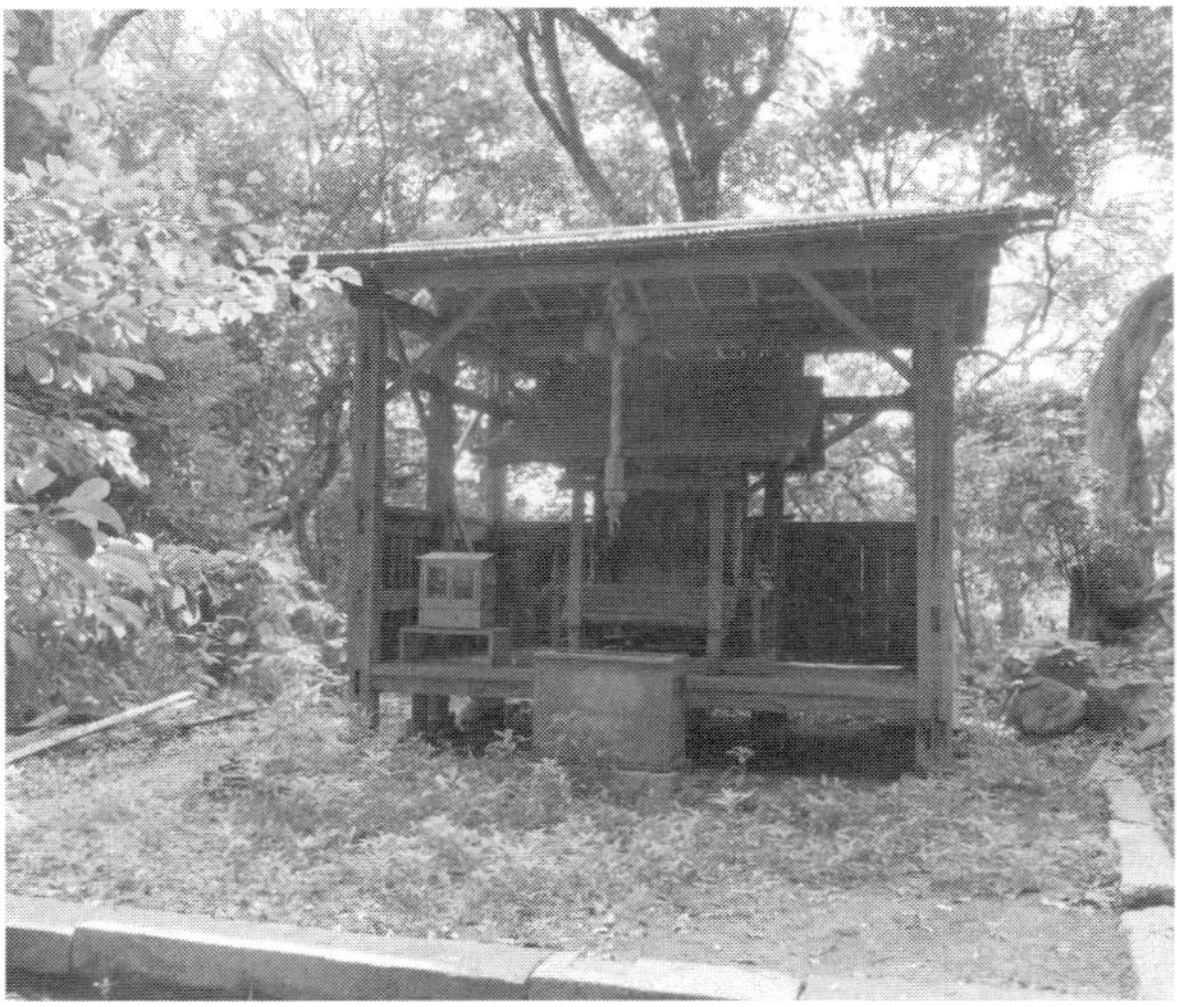

船倉弁天神社

石神古墳

麓の丹生谷からの参道には近世以降の町石が建てられ、江戸時代には周辺地域に広く信仰されたようである。山頂に近い谷部でも流水が豊富で曽我川に通じる水源に対する祀りの場と言え、古くから信仰が続いていることが考えられよう。

大淀町桙立の西側、大岩には標高二八〇メートルほどの尾根上に一〇数基からなる大岩古墳群が存在する。中でも石神古墳は主体部である横穴式石室の玄室長四・二メートル、幅二メートル、高さ二・一メートルと周辺でも有数の規模を誇っている。年代は七世紀中頃で石室の構造と出土遺物から奈良盆地と吉野川流域の両地域の影響をうかがわせている。また、尾根付近に広がる大岩集落の大日堂には平安時代後期の木造大日如来坐像が伝えられている。

高取町丹生谷は、『日本書紀』皇極天皇三（六四四）年十一月条に記される「大丹《おおに》穂山《ほのやま》」の推定地の一つであり、大臣であった蘇我蝦夷が「桙削寺《ほこぬきのてら》」を建てた。この寺跡は遺跡としては明らかではないが、南西山麓の大淀町今木は飛鳥時代には渡来人が居住した地域とされ、甲神社には蘇我入鹿の甲が納められていると伝わる。七世紀中ごろの石神古墳の存在やこのような伝承に蘇我氏との関わりが散見されることは、飛鳥時代には重要な地域であったと言えよう。

竜門山地の西端とその南西の阿田峰の間には車坂峠越えのルートが通る。吉野に抜けるには距離は長いものの標高は約二五〇メートルで起伏も比較的ゆるやかであり、中世以降吉野・大峯山詣（山上詣）において、大阪や西国からの主要ルートであった。大淀町今木の蔵王権現堂（泉徳寺）には

車坂の石塚遺跡

江戸時代の石造蔵王権現像や山門の仁王像が伝えられ、修験道の拠点寺院であった。また、峠にあたる大淀町下渕に所在する石塚は、参詣者が道中の安全を願って出生地から持ち寄った石が直径三〇メートル、高さ七メートルほどの塚状に積みあがったものであり、周辺からの吉野の山々の眺望はすばらしい。付近からは正和四（一三一五）年銘の五輪塔材が出土しており、周辺における聖地としての信仰がこの頃までは確実にさかのぼることを示している。

　阿田峰は標高二四〇メートルほどのなだらかな丘陵で、西側には宇智や紀伊に抜ける重阪《へさか》峠越えの道が通じる。古くからの重要な交通路であり、遺跡も多い。中でも銅製で鍍金された奈良時代の山代真作墓誌が五條市東阿田町から出土しており、周辺には『延喜式』に記される「後阿陁墓《のちのあたはか》」とされる藤原武智麻呂《ふじわらのむちまろ》墓が存在するようにこの地域が奈良時代の葬地であったことが知れる。

（大西貴夫）

青垣西南の山々

金《こん》剛《ごう》山《さん》

標高　1125メートル

金剛山（御所市西寺田から）

金剛山は、奈良盆地の南西隅にそびえ、盆地を直接とり囲む山々の中では最も標高が高い。そのため盆地のどこからでも望むことができ、なじみ深い存在と言えよう。この情景は、古くから同様であったと思われ、古く「葛城山」、「高天山」と呼ばれたのはこの山とみられている。山麓から山頂にかけて信仰に関わる多くの社寺や遺跡が残る。

高宮廃寺と礎石

飛鳥・奈良時代の遺跡としては、山頂から南東の山中に広がる大規模な平坦面に所在する高宮廃寺があげられる。金堂跡と塔跡と考えられる礎石

転法輪寺本堂

が良好に残り、国史跡に指定されている。瓦も出土しており、平安時代以降増加する山岳寺院の中では古いものに位置付けられる。また、『日本霊《にほんりょう》異記《いき》』に記される「高宮寺」の可能性が考えられている。

山頂には現在、葛木神社と転法輪寺が所在するが、本来はこれら全体が金剛山寺と称された。明治の神仏分離で寺は廃絶し、昭和になって再建されている。

「金剛山」の山名は『華厳経』諸菩薩住処品第卅二に「海中処アリ金剛山《こんごうせん》ト名ヅク　昔ヨリ以来諸菩薩衆中ニ止住セラレ現ニ菩薩アリ法起ト云ウ」と記され、役小角《えんのおづぬ》（役行者）がこの山で法起菩薩を感得したとされることによる。金剛山寺の本尊であった法起菩薩像は、明治の廃仏時、山麓の菩提寺に移された頭部のみが現存している。また、中世には行われていた紀伊の友ヶ島から大和の亀ノ瀬まで和泉・河内にもまたがる金剛山地を巡って修行する「葛城修験」では、最高峰に位置することもあり、金剛山寺が中心的な地位を占めていた。葛城修験の行場でもある経塚は二十八ヵ所存在し、「金剛山湧出岳」は第二十一経塚にあたる。

金剛山寺周辺から山中にかけては関連する寺院が多く存在しており、脇寺六坊として行者坊・長床坊・西室院・実相坊・石寺・朝原寺があり、また金剛七坊として大和側に朝原寺・石寺・高天寺・大澤寺、河内側に修道寺・坊領山・多聞寺が知られている。高天寺（橋本院）・大澤寺は現存し、朝原寺や石寺は廃絶したが、石垣や墓石が残り近世にはある程度の規模をもっていたことが窺える。さらに石寺跡には名前の由来になったと考えられる巨大な立石が存在し信仰の対象となっている。また周辺には神社も多く、平安時代の延喜式内社の中でも格の高い明神大社として高天彦神社と高鴨神社が知られる。

以上のように古代から現在に至るまで、金剛山が信仰の山として存在したことを知ることができる。しかしその一方で、河内側ではあるが南北朝時代には楠木正成が築いた千早城などもあり、戦乱の場となったことも無視できない。いずれにしても、人々との関わりの深い山であったと言える。

現在、金剛山頂へは大阪府側は道も整備されていることから比較的簡単に登ることができる。しかし、奈良県側は斜面が急であり、道が荒れたところも多い。今回紹介した遺跡や寺跡を苦労しながら訪ね、発見することは非常に楽しいのだが、大きな山で山仕事道も多く、道に迷わないよう注意も必要である。

（大西貴夫）

石寺跡の立石

葛城山《かつらぎさん》

標高　958.6メートル

葛城山（御所市櫛羅から）

葛城山は金剛山の北側に位置し、その堂々たる姿で両山は奈良盆地の南西に並んでそびえ立っている。葛城山の名称については、本来は金剛山地の最高峰である金剛山が葛城地域の山としての「葛城《かずらき》山」であり、現在の葛城山は古くは「戒那《かいな》山」と呼ばれていたようである。

山林修行者の始祖であり、修験道の開祖ともされる役小角《えんのおづぬ》（役行者）の生地は『日本霊異記』によれば「大和国葛木上郡《かずらぎかみのこおり》茅原《ちはら》」であり、現在も葛城山麓東方の御所市茅原の吉祥草寺《きっしょうそうじ》が出生地の伝承を伝えている。また『続日本紀』には、役小角が文武天皇三（六九九）年に伊豆に流されたこと、「葛城山」で修行したことなどを記す。この葛城山が現在の葛城山か金剛山なのかは明らかではないが、金剛山中には古代の寺院跡が知られているのに対し、葛城山中には確実な古代の遺跡は知られていない。

ただし、中世以降には中腹に多くの平坦面や石垣、庭園跡、墓地、行場としての滝などが展開し、戒那山寺《かいなさんじ》（堺那山寺）あるいは安位寺《あんいじ》跡と称されている。室町時代の『大乗院日記目録』には興福寺大乗院の門主経覚が安位寺に在寺していたことが記されている。また、山麓の流不動の石仏の脇には安位寺に至る町石が残り、刻まれる嘉元二（一三〇四）年の年号から全国的にも古い町石として知られている。また同じ町石は御所の市街にも一基知られており、東方からの中世の参道の存在が推測できる。

流不動・右側が町石

葛城山頂には、葛城天神社が祀られており、「天神山」とも呼ばれ、祈雨の祭祀が行われていた。

葛城天神社

さらに葛城山の周囲には水に関わる神社が多く見られることが注意される。金剛山との谷部にあたる水越峠の奈良県側には大和の四水分神社の一つである葛木水分《かずらぎみくまり》神社が、大阪府側には建水分《たけみくまり》神社が祀られ、水源に関わる祭祀場と言える。また東山麓の葛木坐火雷《かずらぎにいますほのいかづち》神社（笛吹神社）は雷神であることから、こちらも祈雨（雨乞い）に関わると言えよう。

地光寺東遺跡の塔心礎

　葛木坐火雷神社の東方には、飛鳥時代後半創建の地光寺《ぢこうじ》跡が近在する。この寺跡からは、鬼面文軒丸瓦という特殊な文様の瓦が出土しており、同じ文様の瓦は当時の宮都が存在した飛鳥に所在する官寺からのみ出土している。このことから、地光寺と国家との関わりが推測されよう。また、地光寺跡からはさらに葡萄唐草文《ぶどうからくさもん》軒平瓦も出土している。この瓦については奈良盆地周辺の山中や丘陵に立地する寺院からのみ出土するという特徴があり、山林修行に関わる寺院に使用されたことが指摘されている。

　以上のことから、地光寺の造営には国家が介在し、山麓のこの寺を拠点とした葛城山における山林修行や信仰が存在することも考えられるのである。

（大西貴夫）

岩橋山《いわはしやま》

標高658.6メートル

岩橋山（葛城市疋田から）

久米の岩橋

　葛城山から二上山に向かって稜線をたどると、途中に三角形のピークが存在する。それが岩橋山であり、実際に登山すると、山頂手前の急な階段は稜線をたどって来た脚にはかなりこたえる。

　山頂から西側に下ったところには、山名の由来ともなった「久米《くめ》の岩橋《いわはし》」と呼ばれる石造物があり、江戸時代の『河内名所図会』には、見物人で賑わう様子が描かれている。この石造物は、長さ二メートル、幅一メートルほどの石の上面に方形の彫りこみがあり、その底面を区画するように横方向の筋彫りが施されている。その形はあたかも太鼓橋の欄干と階段のように見える。平安時代前期の『日本霊異記』には、役行者が鬼神を使って吉野の金峯《かねのみたけ》と葛木峯《かずらぎのみね》に橋を渡そうとしたことが記されており、石造物とこの伝承がいつしか結びついたのであろう。実際、金峯とされた山上ヶ岳（大峯山）からの葛城山方向の見晴らしはすばらしく、役行者であれば二つの霊山をつないで修行していたことが現実に思える。

「久米の岩橋」の周辺には、奇石・名石が他にもあり、「胎内くぐり」・「鉾立石《ほこたていし》」・「鍋釜石」・「人面石」などが知られている。葛城修験の行場に関わるものと考えられ、これらを訪ね歩く大阪府側の登山コースを河南町が設定している。

㊤鉾立石　㊦平石峠

山頂から北に下ったところは平石峠である。葛城修験の第二十四経塚とされ、役行者や不動明王の石仏が祀られている。この峠道は、竹内街道とともに大和と河内を結ぶ主要街道の一つであり、奈良県側の山麓には三ツ塚古墳群が存在する。ここでは古墳時代後期の古墳から奈良・平安時代の木棺墓や火葬墓まで継続して営ま

三ツ塚古墳群

れている。奈良時代の火葬墓からは「漆塗り革袋」が出土しており、中国・唐の官人の携行品と同じものであることから遣唐使との関わりが考えられている。

また、大阪府側の山麓には平石古墳群が存在し、シシヨツカ古墳・アカハゲ古墳・塚廻《つかまわり》古墳といった古墳時代後期から飛鳥時代の大型の方墳が東西に並んでいる。シシヨツカ古墳からは、金・銀象嵌《ぞうがん》の文様が施された大刀金具や馬具、漆塗籠《うるしぬりかご》棺《かん》といった豪華な遺物が出土している。平石古墳群は蘇我氏の一族との関連も指摘されており、このような古墳の分布は平石峠が重要なルートであったことを示すものであろう。

話は「久米の岩橋」に戻って、伝承はともかくこの石造物は本来何であったのだろうか。古墳時代後期から飛鳥時代の古墳の主体部である横口式石槨の一部とする意見があるが、このような高い山の周辺には古墳は知られておらず、石材の製作地と考えるしかないであろう。この場合、山麓ではあるが先にふれた古墳の分布状況を合わせて考えると、大型の岩石が分布する場所から古墳の石材を切り出そうとしたが未完成で現地に残されたようにも思えてくる。石は黙して語らず、謎は謎のままである。

（大西貴夫）

二上山《にじょうさん》

標高　517メートル

二上山（香芝市良福寺から）

二上山は、北側にある少し高い雄岳《おだけ》（標高五一七メートル）と南側の雌岳《めだけ》（標高四七三・九メートル）の二峯の総称であり、フタコブラクダのコブように並んでいる。奈良盆地の南半からは、その姿が名前の通りに眺めることができ、特徴的な山容であることから誰しもが親しみをもっていることと思われる。しかし、盆地の北半から眺めると雌岳が雄岳に隠れてしまうことから、イメージは異なる。二上山が親しまれるのはやはり山自体がその名の通りに見える盆地中南部に限られるのではなかろうか。

二上山の周辺には多くの名所・旧跡が知られており、飛鳥地域にも引けをとらないと言える。現在も奈良と大阪との往来に使われている竹内峠《たけのうちとうげ》・竹内街道《たけのうちかいどう》は、横大路《よこおおじ》を経て京であった飛鳥・藤原地域と難波《なにわ》を結んでおり、『日本書紀』に記される推古天皇二十一（六一三）年に置かれた「大道」とされる。京からこの道を西に向かった人々は、きっと二上山を目指したことであろう。

『万葉集』の中でも有名な歌の一つとして大来《おおくの》皇女《ひめみこ》が亡き弟である大津皇子《おおつのみこ》をこの山に仮託してその死を悼《いた》んだものがある。朱鳥元（六八六）年の天武天皇崩御後、皇太子であった草壁皇子《くさかべのみこ》に対する謀反《むほん》の疑いで刑死した大津皇子がこの山に移葬された記録があり、周辺では唯一年代が合致する古墳であることから、鳥谷口《とりたにぐち》古墳がその墓と推測されている。二上山は大和では太陽が沈む方向でもあることから、死と関わるイメージももつ。実際に大和側では少ないが、山を越えた西側の河内側には飛鳥時代の天皇陵を含め多くの後・終末期古墳が営まれている。

二上山の東山麓は古代寺院も多い。中でも當麻《たいま》寺《でら》は現在も存続し、日本で唯一古代の双塔を残す寺としても知られる。本尊の弥勒仏や四天王像、出土した瓦、文献史料などから、寺の創建は天武朝（七世紀後半）に当麻氏によるものとされている。また、聖徳太子の弟である当麻皇子《たいまのみこ》が前身の寺を造営したとの記録もあり、これを裏付けるかのように近くに存在する只塚廃寺《だだづかはいじ》から七世紀前半の法隆寺若草伽藍と同じ文様の軒丸瓦が出土している。

当麻寺遠望

大和の古代寺院は平安時代以降衰退するものが多いが、當麻寺は奈良時代に當麻曼荼羅が本堂に祀られ、この曼荼羅に対する浄土信仰が盛んとなって、寺として存続する要因となった。双塔も東塔は奈良時代、西塔は平安時代の造営である。北側に離れて石光寺《せっこうじ》があり、この寺も七世紀後半の造営で當麻寺との関係が深いことが出土軒瓦から知ることができる。凝灰岩の石仏が発掘調査で出土しており、伝承に見られる創建期の本尊と考えられている。只塚廃寺からも同時期の石仏が出土しており、これらは日本最古の石仏であり古い石仏が多いのもこの地域の特質の一つである。

雌岳南西の山中には、岩屋や鹿谷寺《ろくたんじ》といった奈良時代に寺院の基壇などに使用した凝灰岩を切り出した跡を利用した一種の石窟寺院が存在する。岩屋では石龕に三重塔を彫り残し壁面には仏像を刻んでいる。鹿谷寺では十三重塔を完全に彫り残し周囲の岩に仏像を線刻している。このような石窟寺院は日本では類例に乏しく大陸や半島の影響も推測され、この点もこの地域の特質を示している。山頂周辺は、当麻寺とも関わる山岳修行の場として中世には葛城修験の第二十六経塚となっている。

このように豊富な歴史遺産に恵まれる二上山は、単純に登山だけではなく、その歴史を体感することが大きな魅力となっている。

（大西貴夫）

㊤岩屋　㊦鹿谷寺石塔

寺山《てらやま》

標高　293.6メートル

寺山（香芝市穴虫　屯鶴峯から）

奈良盆地から見る金剛山地の稜線は、二上山雄岳の北で急に下降し、その北側にお椀を伏せたような寺山が存在する（山頂は大阪府羽曳野市）。寺山と南側の二上山との間は穴虫《あなむし》峠、北側の明神山との間は田尻《たじり》峠であり、これらの峠は盆地西側の峠の中でも比較的標高が低いことから、古くから大和と河内をつなぐ主要道であった。宮都が所在した飛鳥・藤原地域から西に向かう横大路は、二上山麓付近から北に迂回してこれらの峠につながっていた。

『日本書紀』天武天皇八（六七九）年十一月の条には龍田山と大坂山に関を置いたことが記されている。大坂山とは寺山周辺の山々を指し、関については香芝市穴虫付近がその候補地と考えられている。確かにこの場所は穴虫峠と田尻峠に向かう道路の分岐点になっており、南北に丘陵が迫っている点などは、遺跡の状況がある程度明らかになっている伊勢の鈴鹿関や美濃の不破関と比較しても古代の関が立地するには適当に見える。ただし、周辺では古代の遺物の出土はほとんど知られておらず、その兆候はうかがえない。今後の考古学的な調査の進展に大いに期待したい。

　また、年代はさらにさかのぼり、同じく『日本書紀』崇神天皇紀には墨坂神と大坂神を祀ったことが記される。墨坂神は宇陀市の墨坂神社であり大坂神は香芝市の大坂山口神社とされる。横大路とその延長道路を含めた大和の東西端で祭祀が行われたことを示すのであろう。ただし大坂山口神社は現在、香芝市穴虫と逢坂《おうさか》に所在し、この二社のどちらが崇神紀の大坂神であるかは明らかではない。

㊤大坂山口神社（穴虫）
㊦大坂山口神社（逢坂）

　穴虫の大坂山口神社については、南西に隣接する丘陵が「ゴボ山」と呼ばれ、慶雲四（七〇七）年の年紀が記され、国宝に指定される威奈大村《いなのおおむら》の金銅骨蔵器が出土したと伝えられている。周辺は古代の火葬墓が営まれる地域であったのであろう。

　また逢坂の大坂山口神社については、平安時代後期から鎌倉時代中期の作と考えられる凝灰岩製の層塔が隣地に存在し、現在は葛城修験の第二十七経塚とされている。これらの点は直接に神社の存在を示すものではないが、それぞれの時期に何らかの営みがあったことは指摘できよう。

寺山山頂周辺には遺跡などは知られていない。穴虫峠に近い東方の丘陵は、凝灰岩でできた奇勝地である「屯鶴峯《どんづるぼう》」として知られる。二上山・寺山周辺の火山活動によって形成されたものであり、白色の岩山が美しい。さらに周辺は、サヌカ

観音塚古墳

イトや凝灰岩の産地であった。サヌカイトは旧石器時代から弥生時代の石鏃や石槍など石器の素材として、凝灰岩は古墳の石棺や古代の寺院・宮殿の基壇の石材として使用された。

寺山の西側の斜面は、大阪府羽曳野市域であり、国史跡の観音塚古墳やオーコ古墳群といった特徴的な終末期古墳が分布している。これらは、石英安山岩の切石を使用した精美な横口式石槨を主体部としており七世紀中頃の築造とされる。被葬者としては、周辺に居住していた朝鮮半島からの渡来人と考えられている。

以上のように寺山は、古くから多くの人々の生活と密接に関わる親しみ深い山であった。

（大西貴夫）

馬見山《まみやま》（馬見丘陵）

標高　92メートル

馬見丘陵（広陵町笠から）
右は巣山古墳、左は新木山古墳

馬見丘陵は奈良盆地の西側に位置し、東は高田川、西は葛下《かつげ》川、北は大和川に限られた低平な丘陵である。顕著なピークは存在せず、最高点でも標高九二メートル程度である。「馬見《まみ・うまみ》」の地名の由来は、馬の放牧地であったことに由来するようであるが、それを示すように「上牧」・「下牧」・「牧野」などの地名がみられる。

馬見丘陵の東側には、盆地東部の大和・柳本古墳群や北部の佐紀古墳群とともに大和の三大古墳群の一つである馬見古墳群があり、古墳が多数分布している。中には全長二〇〇メートルを超える前方後円墳だけでも北群の大塚山古墳、中央群の巣山《すやま》古墳、新木山《にきやま》古墳、南群の築山《つきやま》古墳がある。これらの古墳は四世紀末から五世紀にかけて築造され、現在は北葛城郡の範囲に含まれることから古代豪族の葛城氏に関わるとする見方が有力である。しかし周辺は古代においては葛下郡ではなく広瀬郡とされる地域であり、単純に葛城氏に結びつけるには難しく、他の大型古墳群とともに大和王権の

牧野古墳

墓域と見なす意見もある。

丘陵には、後期古墳でも重要なものが存在する。牧野《ぼくや》古墳は直径約六〇メートルの円墳であり、全長一七・一メートル、玄室の高さ約三・六メートルの大型横穴式石室を埋葬施設としている。六世紀末の築造であり、『延喜式』に広瀬郡に所在すると記される押坂彦人大兄皇子《おしさかひこひとおおえのみこ》の「成相墓《ならいのはか》」と考えられている。皇子は敏達《びだつ》天皇の第一皇子であり、舒明《じょめい》天皇の父にあたる。

この他『延喜式』には広瀬郡に二つの墓の存在が記されている。まず「三立岡墓《みたちおかのはか》」は、天武《てんむ》天皇の皇子である高市皇子《たけちのみこ》の墓である。太政大臣でもあった有力な皇子であることから、墓も相当な規模をもつ終末期古墳と推測されるが所在は明らかでない。伝承地である丘が住宅地の中の公園の一角に残されているが、現状では古墳と見ることは難しい。

また「牧野墓」は、「太皇太后之先和氏《たいこうたいごうのさきのやまとうじ》」の墓である。「太皇太后之先和氏」は桓武天皇の生母である和新笠《やまとのにいがさ》（高野新笠）の父である和乙継《やまとのおとつぐ》とされる。和氏《やまとし》は百済系の渡来人であり、牧野の地名から牧野古墳の周辺に墓が推定されるが、こちらの所在も明らかではない。

馬見丘陵の高市皇子との関わりでは、皇子の息子である長屋王の領地が所在し、長屋王邸で使用された特徴的な軒瓦が香滝《こうたき》・薬井《くすりい》遺跡や下牧《しもまき》瓦窯で生産されている。また、それにさかのぼる天智《てんじ》・天武《てんむ》天皇との関わりでは、官寺である川原寺の領地が広瀬郡に所在し、瓦窯の存在が記されている。これらの点は、周辺が天皇家に関わる地域であったことを示すと言えよう。さらに百済系渡来人との関わりでは、七世紀初頭の飛鳥寺とは異なる百済系の素弁軒丸瓦が巣山古墳や広陵町三吉《みつよし》周辺から出土している。周辺に瓦窯や供給先である寺院が存在したことが考えられている。

馬見丘陵には数多くの遺跡が存在し、開発の中で失われた遺跡も多いと思われるが、未知の古代墓が発見される可能性は残されており、今後の調査が期待される。（大西貴夫）

復元整備された三吉石塚古墳

明神山《みょうじんやま》

標高 273.6メートル

明神山（香芝市尼寺から）

香芝市田尻から王寺町本町にかけて南北約二キロ、東西約六・五キロの山塊が、南西から北東方向にのびている。この山塊は金剛山地の北の端に位置し、大和川を挟んで生駒山地と対峙する。稜線の南側は比較的緩やかな斜面となるが、北側は大和川に向かって急崖となる。標高二〇〇メートル前後に展開し、そのほぼ中間地点に明神山がある。

それほど高くはなく、稜線から突出した山体でもないため、山麓や遠方から見てもまったく目立たない。しかし、絶妙な位置にあり、山頂から三六〇度の大展望が得られるのが最大の特徴である。橿原考古学研究所所長であった故菅谷文則氏はこの明神山を「十国国見台《じっこくくにみだい》」と称えた。播磨、摂津、淡路、近江など旧国名でいう十か国が展望できるからである。明石海峡、大阪湾はもとより飛鳥・藤原京、平城京など古代の都がまじかに一望できることは重要な意味がある。

対岸の高安山には天智天皇六（六六七）年に高安城がつくられた。天智天皇二年の白村江の戦いでの敗北をきっかけに、唐・新羅の侵攻に備え国を守るために、北九州～瀬戸内～畿内のルート上に山城をつくった。高安城もその一つであるが、都にもっとも近い最後の防衛拠点であった。菅谷氏はこの明神山にも高安城と類似した施設が設置されたのではないかと考えられた。大和川を遡り、亀の瀬越えの道をゆく場合に見張りやすく、また、急な事態を都に伝えるにも便利な地勢だからである。今のところこの明神山で古代の遺構や遺物は見つかっていないが、こうした視点は重要である。

この明神山はいわゆる「葛城修験二十八宿」の最後の行場でもある。和歌山・大阪・奈良の和泉山地、金剛葛城山地に連なる総延長一一二キロの峰々を巡り、法華経二十八品が埋納された経塚を聖地として巡礼するのが葛城修験であり、平安時代の末期に成立したといわれている。その最後の経塚・普賢《ふげん》菩薩《ぼさつ》勧発品《かんぼっぽん》は、大和川の亀の瀬にある亀石といわれる川底の巨岩、または、明神山の山頂付近に比定されている。どちらにせよ金剛山地の北の端のこのあたりが修験の道の最終地点であったことは確かである。

なお、二〇二〇年六月、この峰駆け修行の経塚や寺院などを含めた文化財が、日本遺産「葛城修験」として認定されている。

明神山から稜線を西南へ二キロほど進めば、標高一九〇メートルあたりの峠に関屋地蔵尊がある。香芝市関屋と柏原市国分を結ぶ山道の通行の安全を祈るために設けられたものである。熊野青岸渡寺の

関屋地蔵尊（香芝市関屋）

碑《ひ》伝《で》が供えられている。

明神山の東八〇〇㍍の山腹には瀧不動院があり滝行場が整えられている。ここから山頂に向かう巡礼道もある。そこここに修験の影響がみられるようだ。

明神山の四五〇㍍南側の標高二六四㍍の台地状の山、通称「送迎山《ひるめやま》」には送迎山城がある。規模は東西二五〇㍍、南北一三〇㍍で、曲輪《くるわ》、土塁、横堀、竪堀などの遺構が残る。永禄十二（一五六九）年、松永久秀方が片岡氏の拠点である片岡城攻めに際して築いた陣城と推定されている。ここから南西一・二キロの稜線上には七郷山城跡がある。ハイキングコースと重なっていて気付く人は少ない。規模は東西一〇〇㍍、南北三〇㍍ほどで土塁や堀切がよく残る。送迎山城と同じ松永方の陣城と推定されている。

（服部伊久男）

㊤瀧不動院滝行場
㊦送迎山城の堀割り（いずれも香芝市尼寺）

青垣西北の山々

三室山《みむろやま》

〈斑鳩町〉標高82メートル
〈三郷町〉標高137.1メートル

斑鳩・三室山（斑鳩町神南から）

奈良県内には二つの三室山がある。三室山は「三諸山《みもろやま》」、山名は三輪山と同じく神のいます山の意である。

斑鳩町の三室山は標高八二メートル、比高四〇メートル、大和川との合流点に近い竜田川の最下流部右岸に位置する。桜と紅葉で有名であり、県立竜田公園の一画をしめる。独立丘のようにみえるが、もともとは北西部からのびてくる丘陵の南端部に位置していた。現状では北側は切り立った急斜面となっている。南・西側は中腹まで住宅が建てこんでいるが、もとは緩やかな傾斜である。東側は竜田川に向かう急斜面となる。山頂近くに神岳《かみおか》神社が鎮座する。東屋《あずまや》や散策道も整備され、東南方、北方への展望がすぐれている。

三室山の南側にも低い丘陵が大和川までのびており、ここに神南《じんなん》古墳群とよばれる後期の小規模な群集墳が存在していた。住宅地となりほとんどが消滅したが、六世紀後半の横穴式石室を埋葬施設とする小規模な古墳が一〇数基あったと推定さ

神岳神社（斑鳩町神南）

れている。

　もう一山は三郷町の三室山で、標高は一三七メートル、比高一〇〇メートル。府県境にある。生駒山地は高安山、信貴山を南端部のピークとして、そこから大和川に向かって一気に標高をさげる。いくつもの小ピークが連なるが、三室山は独立したピークではなく、尾根筋の傾斜変換点にあたるもので、山容はさほど目立たない。山頂には展望台があり、王寺方面への展望がよい。

　東山麓には三室山2・3号墳がある。南北二二メートル、東西一八メートルの長方形墳二基を計画的に南北に連ねた双墓である。墳丘の周囲には堀割を設け、正面には平坦面をつくる。それぞれの墳丘に二つの横穴式石室を配する双室形態である。四基の石室はいずれも無袖式の横穴式石室で、長さは約四メートル、幅は約一・三メートルである。七世紀前半の築造で、双墓双室の古墳はたいへん特異である。

三郷・三室山より東南を望む（三郷町立野）

　この二つの三室山は、いずれも古代の平群郡の西部に位置し、斑鳩三室山は坂門《さかと》郷に、三郷三室山は那珂《なか》郷にある。二つの三室山に共通しているのは、古代の竜田道と大和川に面していることである。竜田道は七世紀前半に整備されたと考えられる河内と大和を結ぶ主要な道で、道沿いには法隆寺、中宮寺、平隆寺《へいりゅうじ》、龍田大社などの古代の社寺が立地している。上宮王家や平群氏にとって竜田道は重要な交通インフラであった。

　龍田大社の風神祭は天武天皇四（六七五）年ごろにはじまった重要な祭祀で、河合町の広瀬神社の大忌祭《おおいみのまつり》とともに、風雨による災害がなく五穀豊穣を祈念し、同時に実りに感謝する祭祀である。大和の諸河川があつまる最下流部において風の神と水の神が祀られているのは興味深い。

　JR三郷駅西側の関地蔵の小堂がある場所は、天武天皇八（六七九）年に置かれた竜田関跡の推定地である。また、奈良時代には平隆寺の近くに平群駅家が置かれたと推定されている。このあたりが国境であり、都の西の玄関口にもあたる重要地点だったので、こうした施設が設置されたのである。

関地蔵（三郷町立野南）

推古天皇十六（六〇八）年、遣隋使小野妹子《おののいもこ》の帰国とともに隋使裴世清《はいせいせい》が大和に入る。初瀬川沿いの海石榴市《つばいち》で迎接されているので、大和川を遡ったのだろう。大和川の水運もこのころから重要なインフラとして利用され、多くの文物が行き交った。

　このように陸路をとっても大和川の水運を利用しても、いずれも二つの三室山を望み、大和と河内を行き来したことになる。神の山は往来の目印にもなったのではないだろうか。（服部伊久男）

松尾山《まつのおさん》

標高　315.4メートル

松尾山（大和郡山市小泉町から）

矢田丘陵は起伏の少ない低丘陵である。その南半部に位置する松尾山も目立つピークではないのでつい見逃してしまう。ＮＨＫ・ＦＭ奈良の電波塔の立っているところが三角点の設置されたピークであり、標高は三一五・四メートルを測る。ここから南側の斑鳩町域にむかって徐々に標高を下げる。

山頂から少し下った標高二五〇メートルの地点に、日本最古の厄除霊場として知られる松尾寺《まつおでら》があり、「まつのおさん詣り（やくよけ祈願）」に訪れる人でにぎわう。鎌倉時代の文献に天武天皇の皇子である舎人《とねり》親王の開基と伝える古刹であり、本堂、五重塔などの堂舎もよく保存されている。

現在、松尾寺へは東麓の大和郡山市山田町から車道が通じており、誰もがこのルートで参拝する。ただし、これは大正九（一九三四）年に大和小泉駅ができ、同駅を起点に参道が整備されたためであり、南側の法隆寺方面から正門の南惣門をへて寺内へ入るのが本来のルートであった。

本堂の背後の尾根上に位置する松尾山神社の拝

殿前で発掘調査がおこなわれ、礎石建物や八世紀中頃の蓮華文軒丸瓦が出土している。また、これより一時期古い蓮華文軒丸瓦が寺に所蔵されており、松尾寺の創建は八世紀の前半までさかのぼる。

松尾寺は法隆寺の北約二・二キロにある。まさに法隆寺の裏山に位置し、法隆寺の僧徒が山中で修行を行うために創建されたともいわれている。中世から修験道が盛んになり、江戸時代には当山派の「大峯《おおみね》正大《しょうだい》先達《せんだつ》寺院《じいん》」となる。寺には先達株仲間文書がたくさん保存されており、また、山伏が背負った笈《おい》などの修行具も残されている。行者堂には日本で最大の役行者像があり、前鬼・後鬼像や円空作の一木造りの役行者小像も伝来する。本堂の下には滝行場があり、現在も年に三回柴燈《さいとう》大護摩《おおごま》が厳修され、修験の伝統を今に伝えている。

松尾寺の本堂西側に「神霊石の大岩」とよばれる岩崖がある。高さ約六メートル、幅一〇メートルの規模で、上半部に小窟が穿たれ注連縄が掛けられている。下半もすこし窟状となっており、役行者の石像が安置されている。崖面に彫像や線刻はない。生駒の宝山寺の般若窟になんとなく似ているのが興味深い。

松尾寺の紫燈大護摩（大和郡山市山田町）

松尾寺の南西約九〇〇メートルの地点には野山廃寺が

松尾山神社鳥居から奈良盆地を見る

ある。かつて斑鳩町立野外活動センターがあった場所である。平坦面や基壇状の高まりもあり、瓦・土器・塼が採集されている。軒平瓦は法隆寺出土品と同笵であり、奈良時代前半のものである。法隆寺の北西約一・七キロの地点であり、松尾寺以上に法隆寺との関係が強くうかがわれる。鎌倉時代の文献にみえる「施鹿園寺《せろくおんじ》」という寺に当てる説がある。施鹿園寺は三郷町にある平隆寺《へいりゅうじ》の別名と考えられていたが、野山廃寺のことと考えたほうがよさそうである。また、この野山廃寺を行基が建てたとする見解もある。

　矢田丘陵の裾部、小泉総区の墓地がある低い丘陵の南斜面には菩提山遺跡がある。行基が天平九（七三七）年に建てた頭陀《ずだ》院・頭陀尼院（菩提院）に比定されている。小形の蓮華文軒丸瓦、軒平瓦が出土しており、八世紀前半に聖徳太子信仰に関わり建立されたと考えられている。

　このように松尾山の周辺には法隆寺と関係の深い古代の山寺が多い。しかし、その実態はまだ多くの謎につつまれている。

（服部伊久男）

矢田山《やたやま》

標高　340メートル

富雄川と竜田川にはさまれた南北に細長い丘陵地を矢田丘陵という。東西の幅二〜四キロ、南北の長さ一三キロの低い丘陵で、おもに標高二〇〇〜三〇〇メートルに展開する。稜線上にはトレイルが整備され、ハイカーがたえない。とくに新緑の季節の稜線漫歩はさわやかだ。

この矢田丘陵全体の中央部分、大和郡山市矢田地区の西側あたり一帯を矢田山と通称している。矢田山という特定のピークはない。最高所は矢田峠の近くにある「まほろば展望休憩所」あたりで標高三四〇メートルを測る。この矢田山の東側の山麓から中腹にはいくつかの寺跡がある。

矢田山（大和郡山市城町から）

金剛山寺《こんごうせんじ》（矢田寺）は、僧智通が天武天皇のために建立したと伝える。智通は平城京右京九条一坊に観世音寺を建立した人物でもある。また、『扶桑略記《ふそうりゃっき》』には薬師寺の沙門《しゃもん》弘輝《ぐよう》が入山したとある。平城京の観世音寺や薬師寺の住僧が山中で修行する場として創建されたのであろうか。

金剛山寺の子院の一つである北僧坊には重要文化財に指定された虚空蔵菩薩坐像（像高八六センチ、木造彩色、平安時代）が伝わる。虚空蔵求聞持法《こくぞうぐもんじほう》という密教的修法の本尊とする説がある。

救聞持法は超人的な記憶力が習得できる行法で、かの空海も室戸岬の洞窟で実践したといわれている。内容は単純で、虚空蔵菩薩の真言（サ

矢田寺（大和郡山市矢田町）

ンスクリット語の呪文）を百万回唱えるだけでよいらしい。一日一万回で百日間、五穀絶ちして（穀物を食べずに）行えば記憶力は著しく増強され、万巻の経典も諳んじることができるという。英単語なら一日五〇〇語ぐらいはかるく覚えられそうだ。受験生諸君は一度チャレンジしてみてはいかがだろうか。このように金剛山寺は平地寺院と対になる山寺として創建され、厳しい修行が行われたようだ。

東明寺（大和郡山市矢田町）

金剛山寺の北約一キロの山中に東明寺《とうみょうじ》がある。松尾寺と同じく天武天皇の皇子で『日本書紀』の編纂で知られる舎人《とねり》親王の創建と伝える。古い時期の遺物・遺構は知られてい

ないが、平安期の仏像四躯（いずれも重文）を蔵する。境内から展望はきかないが、頭上に天空がぽっかりと広がる。山中に静かに佇む玄人好みの古刹である。

東明寺から五〇〇メートル北東には奈良県指定文化財の滝寺磨崖仏がある。高さ三・三メートル、幅三・五メートルの安山岩に伽藍配置図を表現し、龕内に三尊石仏などを半肉彫りする。磨崖の上部の細尾根に三〇×二〇メートルほどの平坦面があり、一堂が建っていたと推定されている。小形の塼仏や奈良時代前半の軒平瓦が出土している。

滝寺磨崖仏（奈良市大和田町）

摩崖仏の七〇〇メートル北、奈良市大和田町の追分梅林の近くに追分廃寺があった。暗峠越奈良街道に沿った立地をとる。発掘調査がおこなわれ、興福寺式の軒瓦や塼仏、凝灰岩片などが出土している。この追分廃寺を養老二（七一八）年に行基が建てた隆福院に当てる説が有力である。大和と河内を最短距離で結ぶ幹道である暗峠越えの道端で、往来する人々に食事や宿所を提供していたと推定されている。

このように矢田山の東側の人里に近く標高の低い山麓、山腹に個性豊かな山寺がたくさん建立されている。人と山との境界領域こそ、山の聖性を感じ、修行に適した場所と考えられていたのであろう。

（服部伊久男）

郡山《こおりやま》（冠山《かんざん》）

標高　100メートル

郡山城跡（大和郡山市城内町）

大職冠鎌足神社（大和郡山市南郡山町）

西ノ京丘陵は西側を富雄川、東側を秋篠川にはさまれた低丘陵である。南北一〇キロ、東西二～四キロ、標高一〇〇メートル前後に展開する。現在では大部分が住宅地となっている。南に向かってその幅と高さを減じ、南端に郡山城が築かれ大和郡山の市街地となっている。郡山という地名は全国の数か所にあり、古代の郡の役所、「郡衙《ぐんが》」に関わる地名であるといわれている。郡衙（大和国添下《そえしも》郡衙）の近くにある山の意であろうか。特定のピークをさす山名ではなく、西ノ京丘陵の南端部を漠然と郡山と呼んでいたのであろう。豊臣秀長が郡山城下に多武峰の大織冠《たいしょくかん》藤原《ふじわらの》鎌足《かまたり》を祀ったことから、唐風に「冠山」の名もある

この丘陵地には弥生時代から人が住み始めている。土器や石器が出土し、住居跡もみつかっている。おそらく弥生時代中〜後期にかけて小規模な集落が営まれたのであろうが、その様相はまだはっきりしていない。

丘陵の最南端には新木山《にきやま》古墳が築造されている。墳丘全長一二二メートルの前方後円墳。墳丘は二段築成で、西側のくびれ部には造出《つくりだし》がある。幅一五メートルの盾形周濠、幅八メートルの外堤をともない、葺石と埴輪をもつ。現在、墳丘部分は宮内庁の陵墓参考地に指定されているが、周濠や外堤部分は民有地となっている。宮内庁側の正式名称は「郡山陵墓参考地」。この古墳はこれまで後期（六世紀前半）の前方後円墳と考えられてきたが、宮内庁の調査によって出土した埴輪などの型式から中期前半（五世紀前半ごろ）につくられたことがわかった。築造時期が一気に一〇〇年も古くなったのである。その結果、日本最大級の円墳である富雄丸山古墳につづく時期に築造されていることが明らか

新木山古墳（大和郡山市新木町）

となった。富雄谷にこのような大型古墳が出現した背景には興味深いものがある。

さて、「郡山」という地名は平安時代末の応保二（一一六二）年、東大寺と薬師寺の所領争いに対する裁決文書にはじめて現れる。しかし、それより四〇〇年ほど前にこの地を表す文言がみられる。『続日本紀』には天平勝宝元（七四九）年十月から翌年二月にかけて孝謙天皇が「大郡宮《おおこおり》」や「薬園《やくぞの》宮」、「南薬園新宮」に滞在し宴を催したと書かれている。この宮については難波にあったとする説、平城京の薬師寺の近くにあったとする説などがあるが、よくよく考えればこの名は現在の大和郡山の地に残されているのであり、郡山にあった離宮のような施設と考えたほうがよさそうだ。

大和郡山病院の西側のマンションの建設現場で一九八四～八五年にかけて発掘調査がおこなわれ、掘立柱建物が三棟見つかっている。二×三間の総柱建物は、南方向に大きな展望を得ることのできる丘陵の南端に建てられている。望楼のような施設ではなかったか。他の掘立柱建物も柱の掘方が一～一・四メートルと大規模なものである。離宮にふさわしい場所、建物であり、大郡宮の一部では

薬園宮と伝わる薬園八幡神社御旅所
（大和郡山市魚町）

植槻寺の故地・植槻八幡神社
（大和郡山市植槻町）

なかろうか。

　現在の植槻《うえつき》八幡《はちまん》神社あたりには植槻寺があった。建法寺とも呼ばれ、平城遷都前の和銅二（七〇九）年に藤原不比等《ふじわらのふひと》が維摩会《ゆいまえ》を開いている。父、藤原鎌足の忌日法会であり、今も興福寺で毎年行われている。もともとは藤原氏（中臣氏）の一門と関係の深い白鳳寺院であり、遷都後に平城京内に取り込まれたようだ。

　この西の京丘陵にはこのほかに七条廃寺や平松廃寺など七世紀後半の瓦が出土する寺院がある。藤原京から移建した可能性もあるが、平城遷都以前に創建した寺院の可能性もあり、このあたりを本拠とする七世紀の氏族や古代山寺の様相を考えるうえで見過ごせない。

（服部伊久男）

赤膚山《あかはだやま》

標高　108メートル

西ノ京丘陵は東側を秋篠川、西側を富雄川にはさまれた南北に長い丘陵で、その北部、長弓寺（生駒市）の裏山あたりでは標高一八〇メートルあるが、奈良市内では標高一〇〇メートル前後の丘陵で、学園前を中心に宅地化が進み、丘陵最南端には地形を利用して郡山城が築かれている。

　赤膚山はこの西ノ京丘陵の西部、奈良市赤膚町周辺の「五条山」一帯で、付近には赤膚焼の窯元が点在している。江戸時代の享保年間に編纂された地誌『大和志』では「在五条村西兀然《こつぜん》一丘赤土不毛」と記され、赤土の山ということから赤膚山と呼ばれるようになったとしている。鎌倉時代後期の『夫木《ふぼく》和歌抄』に「衣だにふたつありせば赤はだの　山にひとつはかさましものを」、「もみぢする赤はだ山を秋ゆけば　したてるばかり錦おりつつ」という和歌があり、ここに詠われた「赤はだ山」の地だとされるのだが、付近にはとりたてて鉄分を多く含んだ赤色粘土は見あたらない。

「赤」のつく地名は県内に「赤田」、「赤井谷」、

赤膚山（奈良市赤膚町）

「赤土山」、「赤埴」、「赤部」、「赤穂」などが知られ、古代以来の赤色顔料であるベンガラの原料ともなる鉄バクテリアが作り出す浮遊沈殿物（パイプ状ベンガラ）の産出に由来する可能性も考えられる。

焼き物の赤膚焼《あかはだやき》の名はこの赤膚山の地名を起源とする説と陶土に鉄分を含有し、地肌が赤みのある乳白色を帯びる焼き物の色調からという二説がある。谷地に堆積した粘土や燃料となる赤松に恵まれた西ノ京丘陵付近一帯は古く、古墳時代の埴輪や土師器《はじき》生産に遡る窯業地であり、中世には奈良火鉢、奈良風炉《ならぶろ》（土風炉）が作られ、法隆寺に多くの銘文を残した瓦大工橘《たちばな》氏一族の本拠地でもあった。赤膚焼は天正十三（一五八五）年、豊臣秀長が郡山に入部、尾張常滑《とこなめ》から陶工の与九郎を招いて開窯させたのが起源ともされるが、これも古くからこの地に窯業の伝統があったことと無関係ではないだろう。

寛政年間（一七八九～一八〇一年）に大和郡山三代藩主の柳澤保光《やすみつ》（堯山）が瀬戸の陶工伊之助、京五条坂の陶工治兵衛を招き、五条村赤膚山に藩窯の登り窯が作られ、「赤膚山」の窯号と「赤ハタ」の銅印を与えて、赤膚焼が再興され、赤膚山は郡山藩の御林山として保護されたという。この時が明確な赤膚焼の創始だと言っても良い。

赤膚焼の窯元

東の窯、中の窯、西の窯があり、幕末に名工として赤膚焼の名を高めた奥田木白は中の窯で作陶している。二〇〇七年には中の窯を受け継ぐ古瀬堯三窯の「陳列場及・旧作業場」「大型登り窯」「中型登り窯」が国の登録有形文化財に登録されている。小堀遠州が好んだ遠州七窯の一つにも数えられ、現在、六軒の窯元（奈良市四軒・大和郡山市二軒）が伝統工芸を受け継いでいる。

（森下恵介）

六条山《ろくじょうやま》

標高 103メートル

近鉄西ノ京駅の西方、標高一〇〇メートル前後の丘陵地帯は、赤膚山付近が「五条山」と呼ばれるのに対し、その南側は「六条山」と呼ばれている。戦時中にはアカマツ林の中に奈良西部馬事訓練所があり、その痕跡は住宅地となった今も道路として残る。戦後は日当たりや空気など環境の良さから七条大池の西南に国立奈良療養所（現在の国立病院機構奈良医療センター）が設けられた。「山」といっても一帯は医療機関や高齢者介護施設が点在する住宅地である。奈良交通バスの終点は「六条山」であったが、平成三十（二〇一八）年に奈良県総合医療センターの開設に伴いバス路線が延長されて、現在の終点は総合医療センターとなっている。

「六条山」バス停付近

医療センターのある丘からは奈良時代の土馬や土師器が出土し、平城京の西郊での祭祀が行われたとみられ、一の谷遺跡と名付けられている。丘陵の上に建つ県医療センターから東方の展望は抜群である。

六条山遺跡は「六条山」バス停の西北約五〇〇メートルにある弥生時代後期の集落遺跡で、昭和五十二(一九七七)年に奈良県立西の京高校(現在は奈良県立大学附属高校)建設に伴い発掘調査が行われた。竪穴建物(竪穴住居)五棟と方形竪穴、方形焼土壙が見つかり、西斜面の谷からは大量の弥生土器

六条山遺跡(奈良県文化財報告書 34 集から)

現在の六条山遺跡
(高校敷地内に住居址が盛り土されて残されている)

が出土した。

この六条山遺跡から出土した土器によって大和の弥生時代後期の土器研究は大きく進展することとなった。稲作を基本とする弥生時代の集落は通常、水田に近い平地に営まれているのだが、六条山遺跡は丘陵の上に存在する小集落で、平地からの比高は一五～二〇㍍程度ではあるが、付近に水田の存在は想定しにくい。遺跡からは西方、生駒山、富雄谷方面の展望が良く、火を焚いた方形焼土壙は烽火《のろし》跡であったとみることもできる。人や物の動きを見張るには絶好の場所にあり、監視と情報の発信・伝達の役割を果たした「高地性集落（丘陵性集落）」と考えてもよいだろう。

紀元一世紀から二世紀にかけての弥生時代後期は古墳出現前夜であり、『魏志』倭人伝、『後漢書』東夷伝などの中国の歴史書には、紀元二世紀の後半頃、日本列島で起こった女王卑弥呼《ひみこ》の擁立につながる「倭国大乱《わこくたいらん》」のことを記しており、六条山遺跡もこうした戦乱と無関係であったとは思えない。

発掘調査で見つかった竪穴建物のうち、発掘調査の終了後、保存状態が良い三号、五号の二棟の建物跡は関係者の努力によって西の京高校の玄関前に「築山状」に盛り土保存され、解説板も設置されているのだが、「古墳」だと思っている人がいるのは残念だ。

（森下恵介）

信《し》貴《ぎ》山《さん》

標高　437メートル

信貴山遠望（平群町・椿井城跡から）

生駒山地南端部の主峰。二峰からなる双耳峰で、北峰の雄岳は標高四三七メートル、南峰の雌岳は四〇〇メートル。雄岳山頂の空鉢護法堂から南方に大きく展望が開ける。信貴山が奈良と大阪の境の山であることが実感できる場。真正面に二上山・葛城山・金剛山、その左側に竜門山地、右側に和泉山脈、大阪湾が見渡せる。さらに背後に大峰・高野という紀伊山地の信仰の山々が広がる。

標高三〇〇～三五〇メートルの山腹には毘沙門天信仰の聖地、朝護孫《ちょうごそん》子寺《しじ》がある。寺の創建については、聖徳太子が物部守屋との戦いに際し、「寅の年、寅の日、寅の刻」にこの山に立ち寄り戦勝を祈願したところ、毘沙門天への信心が通じて必勝の秘法を得、その後、戦いに勝利し、報恩のために寺を起こしたと伝えられる。寅との縁が

朝護孫子寺（平群町信貴山）

生まれ、境内の各所にさまざまな「寅」が鎮座する。『信貴山寺資財宝物帳』によれば平安時代の延喜年間（九〇一～九二三）に命蓮《みょうれん》上人が寺観を整えたとする。国宝に指定されている「信貴山縁起絵巻」（全三巻）は、その命蓮にまつわる奇跡譚を描く平安絵巻の傑作。托鉢のために法力で飛ばした鉢が長者の米倉を乗せて空を飛び、剣の鎧《よろい》をまとった童子が宮中にむかって空を駆け巡る――、フォース全開の奇想天外なストーリーだ。こうした物語は密教の修法や図像をモチーフに製作されたという。命蓮は山の修行者だったのである。

　鎌倉時代初頭の『諸山縁起』には生駒山地全体で修験の行場となった「葛城北峰の宿」が一七か所記載されているが、この信貴山もその一つに数えられている。命蓮以後も著名な密教僧が止住し、南都を代表する霊山として発展していたのである。

　鎌倉時代になると信貴山においても聖徳太子信仰が高まり、物部氏に戦勝したという伝承と先の創建説話が広まる。創建が飛鳥時代の初頭までさかのぼるというが、七～八世紀の遺物や遺構は確認されていない。聖徳太子信仰の興隆に伴い、こうした語りが付会されたようだ。やがて毘沙門天は武神として武士の崇敬を集める。南北朝時代には護良親王や楠木正成が、戦国時代には武田信玄も当山を篤く信仰したという。

信貴山全体は、中世に松永久秀が築いた信貴山城そのものでもある。信貴山雄岳の山頂部分とここから東・西・北側に放射状にのびる尾根筋、雌岳山頂部の大きく三ヵ所を利用してつくられた、東西五五〇メートル、南北七〇〇メートルに及ぶ大規模な山城である。曲輪《くるわ》、土塁、切岸、石積が良好に残る。さながら山の要塞、天空の要害といった趣である。松永は永禄二（一五五九）年に入城する。多聞城と並ぶ大和を支配するための重要拠点であった。天正五（一五七七）年、織田信忠《おだのぶただ》の攻勢に落城するが、このとき朝護孫子寺も炎上したといわれている。

信貴山城・松永屋敷跡（平群町信貴山）

寺の南側には深い谷がある。今は大門《だいもん》ダムによって満々と水を湛えるが、この深い谷は寺や城を守る自然の防御施設になっていたはずである。谷のいちばん奥には高さ四メートルほどのナメ滝があり、弁才天の滝として水行の場となっている。

約一キロ南西の信貴山のどか村の構内に南畑ミネンド城跡が保存されている。信貴山城の出城で、ここからの信貴山の眺めもよい。

この朝護孫子寺や信貴山城ではこれまで発掘調査は一度も行われていない。どんな歴史が埋もれているのだろうか、楽しみである。

（服部伊久男）

高安山《たかやすやま》

標高　487.5メートル

高安山（明神山から）

生駒山地南端部の主峰。稜線から大きく突き出したピークでないため、写真におさめにくい山である。今回は大和川をはさんで対岸にある明神山から撮った。

大阪側、近鉄西信貴ケーブルの高安山駅から稜線下の西側斜面を五〇〇㍍《メートル》ほどトラバースすると、高安山気象レーダー観測所があり、その南側の丘陵頂部には三基の横穴式石室をもつ高安山古墳群がある。現在、1号墳が開口しており、石室内部をみることができる。1・2号墳は無袖式の横穴式石室で、2号墳の石室全長は六㍍《メートル》もある細長いもの。いずれも七世紀の後半に築造されている。

レーダーから北東に一五〇㍍《メートル》ほど歩くと、切り通しがある。ここは戦国時代、信貴山城の出城であった高安山城跡で、本丸と二の丸の間を道が分断している。全体の規模は一三五×八二㍍《メートル》ほどで、それほど大きくはない。コンパクトな造りの山城だ。土塁、空堀、虎口《こぐち》などの遺構がよく残る。

本丸跡に三角点があるが、木々が繁茂し視界は開けていない。ここは古代の「高安烽《たかやすのとぶひ》」が設けられたと推定されている地点でもある。発掘調査も行われたが、烽《のろし》台関連の遺構は検出されていない。

城跡の三の丸に接する南側の緩斜面には高安山墳墓群がある。奈良時代後半から平安時代中ごろまでの約二〇〇年間にわたり、土葬墓二基、火葬墓三〇基あまりが営まれた大規模な葬地である。鉄板が出土した10号墓と塼槨構造をもつ30号墓を官人墓とする見解がある。どのような人物が埋葬されたのだろうか。遺跡の表示や説明板がないのが残念である。

ここからスカイラインを横切り、東へ五〇〇㍍ほど樹間の小道を進むと、高安城倉庫群跡がある。昭和五十三（一九七八）年、市民団体の「高安城を探る会」によって発見された六棟の礎石建物群である。

高安城倉庫跡の礎石

高安城倉庫跡（平群町久安寺）

高安城《たかやすのき》は天智天皇二（六六三）年の白村江の戦いの敗北を契機として、唐・新羅の侵攻に備え国を守るために、北九州～瀬戸内～畿内のルート上に造られた山城の一つ。天智天皇六（六六七）年に讃岐《さぬき》の屋嶋城《やしまのき》、対馬《つしま》の金田城《かなたのき》とともに築かれた。都を守る最後の防衛拠点である。しかし、大宝元（七〇一）年に廃止。正史によれば三四年間存続したことになる。

昭和五十七・五十八年にこのうち2・3号倉庫跡の発掘調査が実施され、出土した土器から奈良時代前半に建てられたことが判明した。つまり、高安城が廃止された後に建てられた倉庫だったのである。しかし、これだけの倉庫群を山中に伴う遺跡は古代山城以外には考えられない。そこで高安城はいったん七〇一年に廃止されたものの、その後に再興したのではないかと考えられるようになった。和銅五（七一二）年、元明天皇が行幸したのはこの第二期の高安城だったのかもしれない。

高安城の範囲についても諸説があり、いまだに確定していない。もっとも広くとる案では東西二キロ、南北二・五キロの範囲で、信貴山や朝護孫子寺も城内に入ってしまう。筑紫《つくし》の大野城では、敵の調伏《ちょうぶく》を祈願するため四天王を祀る四王院という寺がつくられた。毘沙門天を祀る朝護孫子寺の創建事情もこうしたところにあるのかもしれない。

高安城に最も近く、しかも同じ時期につくられた讃岐の屋嶋城では石積みの城壁や城門が見つかり、本格的に築城されたことがわかっている。高安城は最後の防衛拠点である。もっとすごい遺構が眠っているはずだが、その構造や規模についてはまだまだ不明な点が多い。〝幻の高安城〟は依然として幻のままである。

（服部伊久男）

大原山の遠望（矢田丘陵から）

大原山《おおはらやま》

標高　522メートル

生駒山の約二キロ南にある小ピークで、暗峠《くらがり》と鳴川峠の間に位置する。山頂は府県境にあり、ハイキング道が交差し、休憩用のあずまやがあるところ。はっきりとした山名表示もなく、ここが大原山と気づくことも少ない。すこし西へ進めば、「なるかわ園地・ぼくらの広場」があり、大阪平野の眺望がすばらしい。

山頂から南西、大阪府側に三〇〇㍍ほど下った標高四五〇㍍の山腹に神感寺跡がある。昭和三〇年代の末にこのあたりに高圧電線が通ることになり、一帯の木々が伐採されると、寺跡の遺構が姿をあらわし、発掘調査がおこなわれた。寺域は東西六〇〇㍍、南北五〇〇㍍の広範囲におよび、三十数ヵ所もの階段状の平坦面が造成されていた。主要伽藍は北東の一画に集中し、金堂や多宝塔、中島をもつ池泉などが見つかっている。

出土遺物の大半は鎌倉時代のもので、この頃に伽藍や子院が整備されたようである。平瓦に「神感寺大門瓦　文永十年（一二七三）二二月上三日

（四月三日）」と陽刻されたものがたくさん出土している。もっとも古い瓦は伽藍地区から出土した平安時代初頭の軒丸瓦と軒平瓦であり、創建はこの頃までさかのぼる。生駒山系のこのあたり一帯には宝山寺、鶴林寺、慈光寺など古そうな寺院がたくさんある。しかし、確実な物証としての考古資料が出土している寺院はこの神感寺跡だけである。立地からみていわゆる「山寺」に分類されるが、誰が何のために創建したのだろうか。

　史料なども参考にすると、この神感寺は平安初期に創建され、鎌倉時代に全盛期をむかえる。南北朝時代には南朝方の城として利用され、正平三（一三四八）年の四条畷合戦で衰亡し、近世までに廃絶したようだ。近世、近代には廃寺であったが、昭和初期からこの寺跡の西側に新たに寺院が設立された。今は八大龍王光明山神感寺と号する真言宗の寺院である。現在の山門の向かい側にかつての神感寺跡の中心部の遺跡が広がっているが、今は雑木と藪に覆われ立ち入ることができないのが残念である。

八代龍王神感寺（東大阪市上四条町）

　鳴川峠から東へ奈良県側に下ると、標高三〇〇メートルの山腹に千光寺がある。現在は真言宗の寺院で、鳴川山と号する。境内には本堂、行者堂、大師堂、鐘楼などがある。縁起によれば七世紀後半に役小角《えんのおづぬ》（役行者《えんのぎょうじゃ》）が行場を整え修行をはじめ、はるか東南に位置する山を眺望し、そこに大峯山を開闢したという。大峯山は「山上さん」として巷間に知られるが、千光寺はそれ以前に修行をした場であるので「元山上」と称した。修験の本場、

千光寺戸閉式（平群町鳴川）

大峯山より古く由緒がある、こちらが本家本元だということである。また、千光寺は「女人山上」ともいわれている。大峯山は女人禁制であるが、こちらは役行者の母である白専女《しらとうめ》も参籠し、女性の修行も行われていたと伝える。創建譚はともかく、中世には多くの寺領を有し、室町末期に兵火により一時衰微したものの、近世には十一坊もの塔頭があった。

　千光寺には二十八か所の行場があった。境内の背後の尾根の稜線を中心として、巨岩や岩場などを行場としていたようだ。表行場と裏行場に分かれるが、裏行場の方が難度がある。四月には戸開式、十月には戸閉式がおこなわれ、法螺貝と読経が響く中、修験の伝統が今に息づく。

（服部伊久男）

生駒山（矢田丘陵から）

生駒山《いこまやま》

標高　642メートル

南北約三五キロにおよぶ生駒山地の主峰で、奈良側からはどっしりと安定した山容をみせ、山上にはテレビ送信所の鉄塔（テレビ塔）が林立している。山頂の一等三角点は生駒山上遊園地（昭和四年開園）のミニSL列車の軌道内にある。近鉄生駒ケーブルが通じており、一〇分ほどで山頂に着く。全路線の下半分にあたる宝山寺線（鳥居前駅―宝山寺駅間）は日本最初の営業用ケーブルカーで大正七（一九一八）年に開通している。

山麓に往馬坐《いこまにいます》伊古麻都比古《いこまつひこ》神社や生駒山口神社が鎮座し、古くから信仰対象の山であるが、山頂部が早くから遊園地となったこともあって、旧地形はあまり残されておらず、遺跡は知られていない。しかし、周辺の山腹にはいくつか寺跡などが知られている。

宝山寺は歓喜天像の浴油供養が盛んで、「生駒の聖天さん」として多くの信仰を集める。もともとは不動明王を本尊とする大聖無動寺という寺であったが、室町末に衰退し、十七世紀後半に湛海《たんかい》上人が中興し宝山寺と名を改めた。寺の堂舎の背後には「朝日嶽」と呼ばれる稜線から飛び出た山体があり、その東面の崖面に「般若窟《はんにゃくつ》」と呼ばれる岩窟がある。寺伝では役行者が窟内に梵本の般若経を納めて修行したという。史料からみると、岩窟は鎌倉時代末までには穿たれていたようだ。

　山頂から五分ほど南東側に下ったところに旧鶴林寺跡がある。役行者または行基の開創とも伝えるが定かでない。谷の上部に平坦面を造成し、堂舎を構えていたようだ。江戸時代に下方の山腹に移転したが、「峯の薬師」と呼ばれる石造の薬師如来坐像や「薬師の滝」が残る。

宝山寺般若窟（生駒市門前町）

　大阪側をみると、山頂の北西約一キロの標高四一〇メートルあたりには興法寺がある。役行者がこの地を鷲尾山と名付け、千日の行を修したと伝える。一時南朝方の城として利用されるが、室町後期に衰退、江戸時代に再興した。周辺には平坦面がいくつかあり、かつては坊院が建っていたようである。辻子《づし》谷を挟んで約三〇〇メートル南側には三昧《さんまい》尾《お》山遺跡がある。興法寺の僧良弁が鎌倉時代に立てた石造十三重塔があり、その周辺から十五世紀の火葬墓がみつかっている。

　山頂の南西、暗峠《くらがりとうげ》近くには、慈光寺がある。役行者が生駒山に住む鬼を「鬼取」で捉えて改心させ、髪を切り出家させた地と伝え、山号は「髪切山《こうぎりさん》」という。鎌倉時代後期に鋳造された梵鐘が伝わる。銘文によればいわゆる「葛城北峯」

旧鶴林寺跡・薬師の滝（生駒市鬼取町）

の行場であったという。

　これら山頂、山腹の寺院はいずれも役行者の開創伝承をもち、前鬼・後鬼との関りも伝えられる。おそらくある時期に生駒山地で滝行や抖擻《とそう》、窟籠《いわやごもり》行など修験の修行が活発になり、大峯修験などの影響をうけて後世にこうした創建譚や縁起がつくられたのであろう。これらの寺院跡からは今のところ、飛鳥・奈良時代にさかのぼる古い時期の遺構や遺物はみつかっていないが、霊験豊かな地として早くから山の信仰や宗教が発生していたと考えられる。

　暗峠の二〇〇メートルほど北側に、天照山と呼ばれる標高約五一〇メートルの小ピークがある。平城遷都後に「高見烽《たかみのとぶひ》」が設けられた地と推定されている。烽は狼煙《のろし》のこと。北部九州から奈良の都に緊急事態を知らせるために設置された古代の情報通信システムである。飛鳥時代には「高安烽《たかやすのとぶひ》」が設置されていたが、平城遷都に伴い生駒山の近くに移転し、都の「春日烽《かすがのとぶひ》」に通信したという。山頂は一五メートル四方と狭く、奈良時代の遺物・遺構は今のところ見つかっていない。明治から大正期には旗振山とよばれ、大阪の米相場を奈良へ手旗で通信していたという。

　『続日本紀』は天平元（七二九）年に長屋王とその妻の吉備内親王を「生駒山に葬らしむ」とするが、その墓は確定していない。美努岡萬《みぬのおかまろ》や行基の墓がある東裾部であろうか。長屋王の変は、冤罪だったといわれている。だとすれば生駒山は怨霊が眠る山ということにもなる。

（服部伊久男）

あとがき

「山の考古学研究会」は昭和六十二(一九八七)年、元奈良県立橿原考古学研究所所長菅谷文則氏の発企による「人と山の関わりを考古学の手法を用いて研究しよう」とする集まりである。設立以来、立山、白山、戸隠山、出羽三山、飯豊山、赤城山、日光男体山、筑波山、伊吹山、相模大山、伯耆大山、大宰府宝満山など諸国の霊山名峰の踏査と現地での研究会を行い、海外の山では中国の五岳、五台山、韓国の慶州五岳および南山の踏査などを実施してきた。奈良県内では主に吉野大峯の山岳信仰遺跡を中心に研究活動を行ってきたのであるが、山と人との関わりということであれば、やはり奈良盆地四周の山地ということになり、青垣の山々の歴史と文化について、奈良県内在住会員で分担執筆することにした。

本書の執筆を機会に登り直した山もあるが、近年は山仕事に入る人も減り、青垣の山も山道が荒れてきているように感じられることもあった。また、本書に掲載するため、山の写真も撮りに廻ったのだが、以前なら美しい特徴的な山容をもち、山麓の奈良盆地のどこからでも望めた山も建物や電線などで写真に収めるのが難しくなったことも感じさせられた。山河は不変だとされるが、取り巻く環境は変化している。奈良県の誇る「大和青垣」の将来にも少し不安が感じさせられる今日この頃である。

青垣の山々は日常生活から隔絶した遠望する高山ではなく、古くから人の暮らしと深い関わりをもってきた山々である。山中には古社寺が点在し、古墳や山城も営まれており、青垣の山々への登山は歴史探訪の山歩きということにもなる。山の歴史や文化をより知れば、より充実した山歩きも楽しめることと思う。本書が青垣の山を理解し、青垣の山について考える一助ともなれば幸いである。本書の出版について御理解いただき、御世話おかけした青垣出版の靍井忠義氏、および製図等にご協力いただいた箕倉永子氏に末尾ながら感謝申し上げる。

編　者

西北の山々

㊿ 生駒山
㊾ 大原山
㊽ 高安山
㊼ 信貴山
㊻ 六条山
㊺ 赤膚山
㊹ 郡山（冠山）
㊸ 矢田山
㊷ 松尾山
㊶ 三室山

東北の山々

① 平城山
② 若草山
③ 御蓋山
④ 春日山
⑤ 高円山
⑥ 椿尾城山
⑦ 国見山・大国見山
⑧ 高峰山
⑨ 東大寺山

西南の山々

㊵ 明神山
㊴ 馬見山（馬見丘陵）
㊳ 寺山
㊲ 二上山
㊱ 岩橋山
㉟ 葛城山
㉞ 金剛山

東南の山々

⑩ 平尾山・豊田山
⑪ 布留山・桃尾山
⑫ 竹之内山
⑬ 龍王山
⑭ 穴師山
⑮ 三輪山
⑯ 巻向山
⑰ 天神山（与喜山）

南の山々

㉖ 畝傍山
㉗ 雷丘
㉘ 甘樫丘・大野岡
㉙ 貝吹山
㉚ 真弓丘
㉛ 国見山・玉手丘・本馬丘
㉜ 巨勢山
㉝ 弁天山・桙立峰・阿田峰
⑱ 外鎌山
⑲ 鳥見山
⑳ 音羽三山
㉑ 多武峰（御破裂山）
㉒ 高取山
㉓ 壺阪山
㉔ 耳成山
㉕ 香久山

大和青垣50山

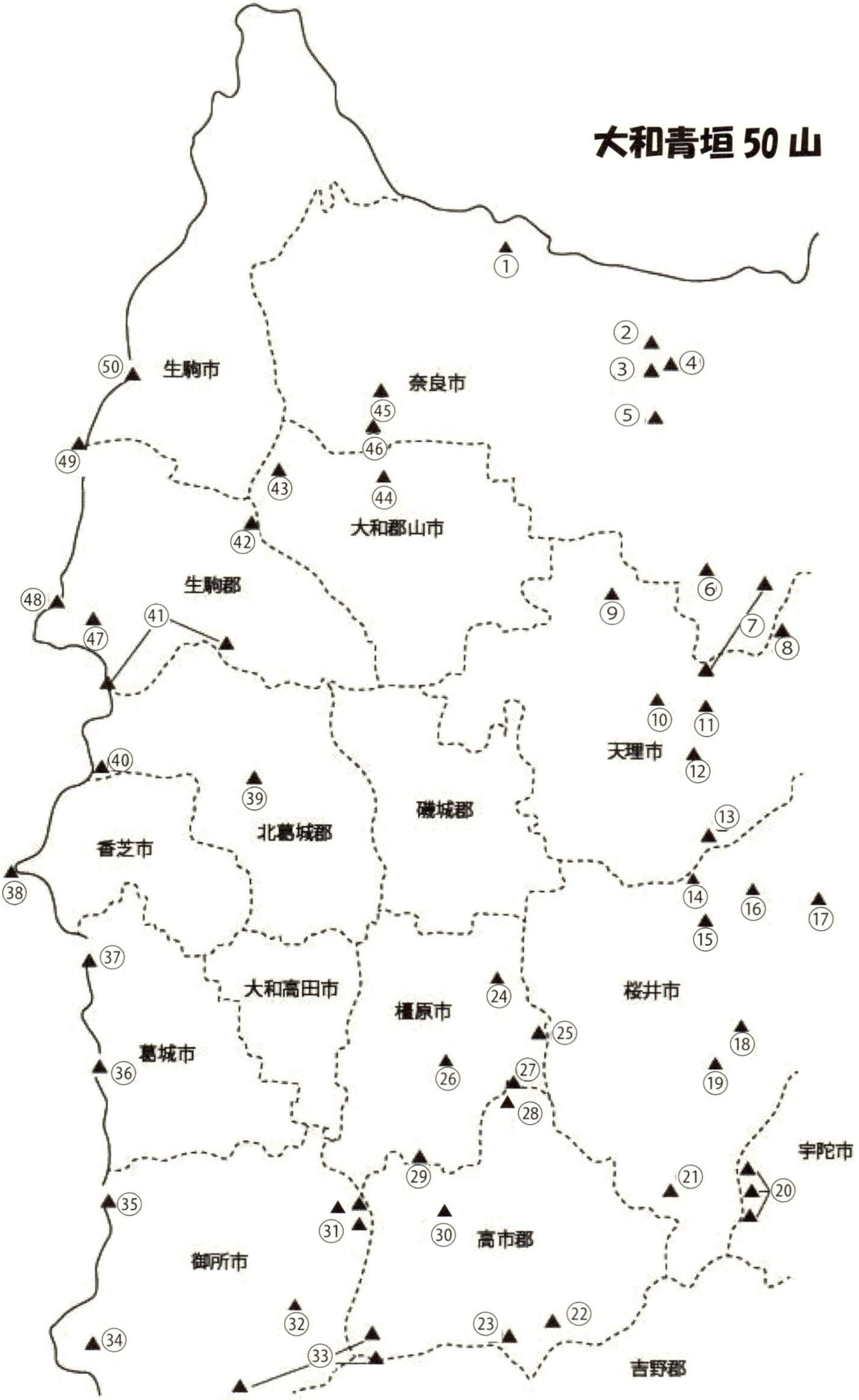

生駒市
奈良市
大和郡山市
生駒郡
天理市
磯城郡
北葛城郡
香芝市
大和高田市
橿原市
桜井市
葛城市
宇陀市
高市郡
御所市
吉野郡
①
②
③
④
⑤
⑥
⑦
⑧
⑨
⑩
⑪
⑫
⑬
⑭
⑮
⑯
⑰
⑱
⑲
⑳
㉑
㉒
㉓
㉔
㉕
㉖
㉗
㉘
㉙
㉚
㉛
㉜
㉝
㉞
㉟
㊱
㊲
㊳
㊴
㊵
㊶
㊷
㊸
㊹
㊺
㊻
㊼
㊽
㊾
㊿

【編者】

奈良山の考古学研究会

〈執筆者〉

森下　惠介
服部　伊久男
竹田　政敬
大西　貴夫

大和青垣の山々 – その歴史と文化 –

2025年 4月 10日　初版印刷
2025年 4月 18日　初版発行

編者　奈良山の考古学研究会
著者　森下惠介　服部伊久男
　　　竹田正敬　大西貴夫
発行者　靏　井　忠　義

発行所　有限会社　青　垣　出　版
〒636-0246 奈良県磯城郡田原本町千代３８７の6
電話 0744-34-3838　Fax 0744-47-4625
e-mail　wanokuni@nifty.com

発売元　株式会社　星　雲　社
（共同出版社・流通責任出版社）
〒112-0005 東京都文京区水道１－３－３０
電話 03-3868-3275 Fax 03-3868-6588

印刷所　モリモト印刷株式会社

printed in Japan　ISBN 978-4-434-35708-4

青垣出版の本

探訪　大和の古城

大和古文化研究会編

ISBN978-4-434-22522-2

奈良県内の城跡72カ所を探訪。松永久秀の多聞城、筒井順慶の信貴山城、豊臣秀長の郡山城、「日本最強の城」の高取城……

Ａ５判３０１ページ　本体2，２５０円

青垣双書①

芝村騒動と龍門騒動

上島 秀友　上田 龍司著

ISBN978-4-434-22522-2

江戸時代、大和（奈良県）で二つの百姓一揆が起きた。どちらも吟味(取り調べ)は苛酷を極め、多くの犠牲者（獄死者）を出した。

四六判１９８ページ　本体１，２００円

奈良の古代文化①

纒向遺跡と桜井茶臼山古墳

奈良の古代文化研究会編

ISBN978-4-434-15034-0

大型建物跡と２００キロの水銀朱。大量の東海系土器。初期ヤマト王権の謎を秘める２遺跡を徹底解説。

Ａ５変形判１６８ページ　本体１，２００円

奈良の古代文化②

斉明女帝と狂心渠たぶれごころのみぞ

靍井 忠義著

奈良の古代文化研究会編

ISBN978-4-434-16686-0

「狂乱の斉明朝」は「若さあふれる建設の時代」だった。百済大寺、亀形石造物、牽牛子塚の謎にも迫る。

Ａ５判変形１７８ページ　本体１，２００円

奈良の古代文化③

論考 邪馬台国＆ヤマト王権

奈良の古代文化研究会編

ISBN987-4-434-17228-1

「箸墓は鏡と剣」など、日本国家の起源にまつわる５編を収載。

Ａ５判変形１８４ページ　本体１，２００円

奈良の古代文化④

天文で解ける箸墓古墳の謎

豆板 敏男著

奈良の古代文化研究会編

ISBN978-4-434-20227-8

箸墓古墳の位置、向き、大きさ、形、そして被葬者。すべての謎を解く鍵は星空にあった。日・月・星の天文にあった。

Ａ５判変形２１５ページ　本体１，３００円

奈良の古代文化⑤

記紀万葉歌の大和川

松本 武夫著

奈良の古代文化研究会編

ISBN978-4-434-20620-7

古代大和を育んだ母なる川―大和川（泊瀬川、曽我川、佐保川、富雄川、布留川、倉橋川、飛鳥川、臣勢川…）の歌謡（うた）。

Ａ５判変形１７８ページ　本体１，２００円

青垣出版の本

奈良を知る

ISBN978-4-434-13771-6

日本書紀の山辺道《やまのへのみち》

靍井 忠義著

三輪、纒向、布留…。初期ヤマト王権発祥の地の神話と考古学。

四六判１６８ページ　本体1，２００円

奈良を知る

ISBN978-4-434-15561-1

日本書紀の飛鳥

靍井 忠義著

６・７世紀の古代史の舞台は飛鳥にあった。飛鳥ガイド本の決定版。

四六判２８４ページ　本体1，６００円

日本書紀を歩く①

ISBN978-4-434-23814-7

悲劇の皇子たち

靍井 忠義著

皇位継承争い。謀反の疑い。非業の死を遂げた皇子たち２２人の列伝。

四六判１６８ページ　本体1，２００円

日本書紀を歩く②

ISBN978-4-434-24501-5

葛城の神話と考古学

靍井 忠義著

『日本書紀』に書かれた神話やエピソードを紹介、古社や遺跡を探訪する。

四六判１６６ページ　本体1，２００円

日本書紀を歩く③

ISBN978-4-434-25725-4

大王権の磐余《いわれ》

靍井 忠義著

磐余は地理的にも時代的にも纒向と飛鳥の中間に位置する。大王権を育んだ。

四六判１６８ページ　本体1，２００円

日本書紀を歩く④

ISBN978-4-434-27489-3

渡来人

靍井 忠義著

書紀が伝える渡来人たちの群像。日本の政治・経済・文化の中核となった。

四六判198ページ　本体1，３００円

日本書紀を歩く⑤

ISBN978-4-434-29858-5

天皇の吉野

靍井 忠義著

吉野は天皇にとって特別な地だった。神仙境では修験道や天誅組も起こった。

四六判２３８ページ　本体1,４００円

青垣出版の本

宝賀 寿男著　**古代氏族の研究シリーズ**

①和珥氏—中国江南から来た海神族の流れ	ISBN978-4-434-16411-8 A 5判 146 ページ　本体 1,200 円
②葛城氏—武内宿祢後裔の宗族	ISBN978-4-434-17093-5 A 5判 138 ページ　本体 1,200 円
③阿倍氏—四道将軍の後裔たち	ISBN978-4-434-17675-3 A 5判 146 ページ　本体 1,200 円
④大伴氏—列島原住民の流れを汲む名流武門	ISBN978-4-434-18341-6 A 5判 168 ページ　本体 1,200 円
⑤中臣氏—卜占を担った古代占部の後裔	ISBN978-4-434-19116-9 A 5判 178 ページ　本体 1,200 円
⑥息長氏—大王を輩出した鍛冶氏族	ISBN978-4-434-19823-6 A 5判 212 ページ　本体 1,400 円
⑦三輪氏—大物主神の祭祀者	ISBN978-4-434-20825-6 A 5判 206 ページ　本体 1,300 円
⑧物部氏—剣神奉斎の軍事大族	ISBN978-4-434-21768-5 A 5判 264 ページ　本体 1,600 円
⑨吉備氏—桃太郎伝承をもつ地方大族	ISBN978-4-434-22657-1 A 5判 236 ページ　本体 1,400 円
⑩紀氏・平群氏—韓地・征夷で活躍の大族	ISBN978-4-434-23368-5 A 5判 226 ページ　本体 1,400 円
⑪秦氏・漢氏—渡来系の二大雄族	ISBN978-4-434-24020-1 A 5判 258 ページ　本体 1,600 円
⑫尾張氏—后妃輩出の伝承をもつ東海の雄族	ISBN978-4-434-24663-0 A 5判 250 ページ　本体 1,600 円
⑬天皇氏族—天孫族の来た道	ISBN978-4-434-25459-8 A 5判 295 ページ　本体 2,000 円
⑭蘇我氏—権勢を誇った謎多き古代大族	ISBN978-4-434-26171-1 A 5判 284 ページ　本体 1,900 円
⑮百済氏・高麗氏—韓地から渡来の名族	ISBN978-4-434-26972-1 A 5判 261 ページ　本体 1,900 円
⑯出雲氏・土師氏—原出雲王国の盛衰	ISBN978-4-434-27825-9 A 5判 328 ページ　本体 2,100 円
⑰毛野氏—東国の雄族諸武家の源流	ISBN978-4-434-28628-0 A 5判 312 ページ　本体 2,100 円
⑱鴨氏・服部氏—少彦名神の後裔諸族	ISBN978-4-434-29652-9 A 5判 338 ページ　本体 2,200 円